Manipulations-Methoden
Erfolgreiche Gesprächsführung, Mittel der Rhetorik und Schutz vor gezielter Beeinflussung.
3. Auflage
Copyright © 2017 Benedikt Ahlfeld
www.ZHI.at

Herstellung und Verlag: BoD - Books on Demand, Norderstedt

ISBN: 978-3-848-20207-2

Bibliografische Information der Deutschen Nationalbibliothek: Die Deutsche Nationalbibliothek verzeichnet diese Publikation in der Deutschen Nationalbibliografie; detaillierte bibliografische Daten sind im Internet über http://dnb.d-nb.de abrufbar

Hinweis
Die Ratschläge und Informationen in diesem Buch sind von den Autoren sorgfältig erwogen und geprüft, dennoch kann eine Garantie für die inhaltliche Richtigkeit nicht übernommen werden. Eine Haftung der Autoren bzw. des Verlages und seiner Beauftragten für Personen-, Sach- und Vermögensschäden ist ausgeschlossen.

Layout und grafische Gestaltung
Benedikt Ahlfeld
www.ZHI.at

Inhaltsverzeichnis

VORWORT 5

KAPITEL 1: EINFÜHRUNG 8

1.1 Was ist Manipulation? 8

1.2 Verhalten programmieren 14

1.3 Zusammenfassung 18

KAPITEL 2: BEISPIELE AUS DEM ALLTAG 20

2.1 Wahrnehmung und vorbewusste Filter 20

2.2 Werbung 27

2.3 Politik 33

2.4 Zusammenfassung 42

KAPITEL 3: DAS P-S-I PRINZIP 43

3.1 Die 6 Phasen: Der Ablauf 43

3.2 Die 6 Stufen: Die Effektivität 46

3.3 Die 6 Intensitäten: Die Reichweite 53

3.4 Zusammenfassung 57

KAPITEL 4: KOMMUNIKATION 59

4.1 Das Vier-Ohren-Modell 59

4.2 Johari-Fenster 61

4.3 Ich-Zustands-Modell 62

4.4 Das Drama-Dreieck und die Drama-Dynamik 64

4.5 Situative Reifegradtheorie 65

4.6 Zusammenfassung 67

KAPITEL 5: GESPRÄCHSFÜHRUNG 68

5.1 Zielsetzung 68

5.2 Steuerungsmechanismen 76

5.2.1 Selektion 77

5.2.2 Vertrauen 81

5.2.3 Informelle Austauschbeziehungen 82

5.2.4 Das Reziprozitätsprinzip 83

5.3 Zusammenfassung 86

KAPITEL 6: DAS KGS-PRINZIP 88

6.1 Körpersprache 91

6.1.1 Farbsymbolik 91

6.1.2 Das Status-Gesetz 92

6.1.3 Rapport 97

6.2 Gesicht und Gestik 99

6.2.1 Augenzugangshinweise 107

6.2.2 Mimik 111

6.2.3 Mikromimik 112

6.2.4 Ankern 114

6.3 Stimme & Sprache 120

6.3.1 Tonalität 122

6.3.2 Repräsentationssysteme 124

6.3.3 Emotionen evozieren 125

6.3.4 Uptime und Downtime 130

6.3.5 Gesprächshypnose 132

6.3.6 Der Aufbau von Suggestionen 135

6.3.7 Posthypnotischer Befehl 139

6.4 Zusammenfassung 140

KAPITEL 7: MANIPULATIONS-METHODEN 141

7.1 Informationsfluss steuern 142

7.1.1 Qualitative und quantitative Information 145

7.1.2 Das Gesetz der Wiederholung 146

7.1.3 Gezielte Information 148

7.1.4 Desinformation 150

7.2 Wortmanipulation 152

7.2.1 Reframing 153

7.2.2 Analoges Markieren 154

7.3 Information gewinnen: Meta-Modell 155

7.3.1 Tilgung 157

7.3.2 Generalisierung 159

7.3.3 Verzerrung 161

7.4 Information verschleiern: Milton-Modell 165

7.4.1 Tilgungen 165

7.4.2 Semantische Fehlgeformtheiten 167

7.4.3 Generalisierung 168

7.4.4 Vorannahmen 169

7.4.5 Indirekte Auslöser 170

7.5 Psychologische Phänomene 172

7.5.1 Der Primacy-Recency-Effekt 173

7.5.2 Der Halo-Effekt 173

7.5.3 Künstliche Verknappung 174

7.5.4 Der Spotlight-Effekt 175

7.5.5 Die Überlegenheitsillusion 176

7.6 Timsit's 10 Strategien 176

7.7 Werte und Glaubenssätze 180

7.7.1 Bedürfnispyramide nach Maslow 182

7.7.2 Empowerment 184

7.7.3 Die neurologischen Ebenen 186

7.7.4 Definition des Selbstwertes 188

7.7.5 Sekundärgewinn 191

7.8 Zusammenfassung 193

KAPITEL 8: META-PROGRAMM-PROFIL 194

8.1 Meta-Programme 194

8.2 Meta Reflektion 195

8.3 Fragebogen 196

8.4 Zusammenfassung 197

NACHWORT 198

ANHANG 199

X.I Manipulations-Beispiele 199

X.II Rhetorik Ausbildungen 204

X.III Über den Autor 205

X.IV Buchempfehlung: Körpersprache & NLP 206

X.V Auflösung Klappentext 207

X.VI LITERATUR- UND QUELLENVERZEICHNIS 208

VORWORT

Ob es Ihnen gefällt oder nicht, wer wir heute sind, ist das Produkt einer Evolution, die seit Millionen von Jahren stattfindet. Und sie ist noch lange nicht abgeschlossen: nach wie vor treiben uns vorprogrammierte Mechanismen durch den Strudel des Alltags, während die Informationsüberflutung weiter zunimmt. Niemand – und seien es noch so hochspirituelle Wesen, die unter uns wandeln – bleibt von diesem Kreislauf der natürlichen Weiterentwicklung ausgeschlossen. Mit ihr kamen viele positive Effekte; aber auch negative. Häufig, auch wenn wir es bewusst nicht wahrnehmen oder uns gar dagegen wehren mögen, bestimmen diese unbewussten Mechanismen[i] jedoch unsere Entscheidungen und damit unser Leben. Die Stimuli, die in uns Gefühle wie Freude und Nähe, Wut und Verzweiflung, Liebe oder Hass wecken, sind jedoch längst nicht mehr unerklärliche Geschehnisse.

Vielleicht überrascht es Sie zu lesen, dass seit einiger Zeit eine Debatte von hoher Tragkraft in akademischen Kreisen stattfindet. Es dreht sich dabei um die Frage der Abwesenheit des freien Willens. Dafür gibt es viele Gründe, da in den letzten Jahren durch zig Studien bestätigt wurde, dass unser bewusster Verstand nur *denkt*, er hätte die Kontrolle über unser Handeln. Tatsächlich sieht es jedoch so aus, als würde unser Unterbewusstsein Entscheidungen treffen und unser Verstand rationalisiert diese Handlungen dann so, als wären sie willentlich geschehen. Albert Einstein sagte dazu, basierend auf dem Zitat von Arthur Schopenhauer: *„Ein Mensch kann tun, was er will, aber er kann nicht beeinflussen, was er will.“*[ii] Ist unser freier Wille also nicht viel mehr als bloße Illusion? Wenn nicht wir selbst die Entscheidungen treffen, wer oder was programmiert uns dann? Eine ganze Industrie hat es sich zum Ziel gesetzt, den Menschen, letzten Endes also Sie, werte Leserin und werter Leser, direkt und zielgerichtet zu beeinflussen. Meist geht es dabei nur um eines: Profit. Sei er nun finanzieller Natur am Beispiel der Werbung, sei es ein politisches Interesse an Ihrer Stimme oder einfach nur der Wunsch

Ihres Partners oder Ihrer Partnerin, geliebt zu werden. Sie wissen ganz genau, dass die Manipulation auf allen Ebenen optimiert wurde und weiterhin perfektioniert wird. Doch an dem persönlichen Bedürfnis eines Menschen, mehr Gutes für sich zu gewinnen und weniger Schlechtes zu behalten, ist an sich nichts verwerflich.

Dieses Buch postuliert keine Verschwörungstheorien, sondern zeigt lediglich praktische Techniken der Beeinflussung auf, damit Sie sich selbst bestmöglich vor Einflüssen schützen können. Es wird - wie so viele andere Ratgeber zu diesem Thema - jedoch *keinen* ethisch-moralischen Kontext suchen. So wie fast alles andere in diesem Leben können Sie schlussendlich selbst entscheiden, welche und wie oft Sie die Methoden in diesem Handbuch nutzen wollen. Das einzige Anliegen, das ich habe, ist, dass Sie von Ihrem Recht frei zu entscheiden auch Gebrauch machen! Ich persönlich bin fest davon überzeugt, dass wir ein selbstbestimmtes Leben führen können, wenn wir uns nur dafür entscheiden. Wie heißt es doch so schön: *„Wer immer der Herde folgt, sieht nur die Ärsche.“*

Und wenn Ihr größtes Anliegen ist, sich vor den Methoden der Manipulation bewusst zu schützen, ist der beste Ansatz, eben die effektivsten Werkzeuge ebendieser selbst zu erlernen. Mit diesen Methoden verhält es sich nämlich so banal wie mit einem ganz gewöhnlichen Brotmesser: Sie können es nutzen, um Brot zu schneiden und die Armen zu ernähren, oder Sie erstechen damit Ihren besten Freund. Dem Messer ist es egal; es will nur benutzt werden. Ob und wie es verantwortungsbewusst eingesetzt werden kann, obliegt dabei stets der Einschätzung des Menschen, der das Messer hält.

Dennoch möchte ich allen Interessierten und auch den fortgeschrittenen Anwendern effektiver Rhetorik mit diesem Buch ein Werkzeug an die Hand geben, das auch als Nachschlagewerk für praktizierende Coaches, Verkäufer, Manager, Trainer, Therapeuten und alle Menschen, für die Kommunikation in ihrem privaten und beruflichen Alltag eine wichtige

Rolle spielt, dienen soll. Vielleicht begleitet Sie ja mein persönlicher Leitsatz, während Sie durch die folgenden Seiten blättern:

„Souverän denken. Frei leben.
Denn Selbst-Bestimmung bedeutet,
alles zu können und nichts zu müssen.“

So wünsche ich Ihnen viel Spaß beim Lesen und Erfolg mit Ihren individuellen Zielen. Vielleicht tragen Sie ja dazu bei, diese Welt ein kleines Stück besser zu machen.

Alles Liebe,
Ihr Benedikt Ahlfeld

KAPITEL 1: EINFÜHRUNG

> „Die Welt erwacht mit einem Menschen nach dem anderen."
> – Lao-Tzu

Dieses Buch ist in mehrere Kapitel unterteilt, die aufeinander aufbauend gestaltet sind. Es empfiehlt sich, es in der gedachten Reihenfolge zu lesen. Zu Beginn eines jeden Kapitels möchte ich einen kurzen Überblick über den Inhalt geben und am Ende mit einer Zusammenfassung anschließen. Möchten Sie sich also schnell informieren, bevor Sie ein Themengebiet vertiefen, empfiehlt es sich, diese Teile zuerst zu überfliegen.

In der Einführung möchte ich aufzeigen, was Manipulation tatsächlich ist, was sie kann und wann sie eingesetzt wird. Ebenso ist zum Verständnis der Rhetorik-Werkzeuge nötig, in Grundzügen zu verstehen, wie unsere Wahrnehmung und die zwischenmenschliche Kommunikation anhand des Reiz-Reaktion-Musters an sich funktioniert. Zudem soll gezeigt werden, wie wir in unserem Alltag laufend Botschaften mit beeinflussender Wirkung ausgesetzt sind, vor allem durch die Medien, aber auch im Beruf und in der Familie. Abgeschlossen wird mit einem Kapitel über die Programmierung von Verhalten, also wie Verhalten entsteht, unsere Entscheidungen und die anderer beeinflusst werden und wie die unbewussten Verhaltensmuster verändert werden können.

1.1 Was ist Manipulation?

Der Begriff „Manipulation" ist geprägt von negativer Assoziation. In Wirklichkeit jedoch ist jede Art von Kommunikation Manipulation. Dabei gilt das natürliche „Reiz-Reaktion" Muster. Ein Stimulus (also Reiz), beispielsweise wenn Sie Ihren Nachbarn morgens mit einem einfachen „Hallo!" begrüßen, löst eine Reaktion (wieder ein Reiz) aus. Egal, was ihr Nachbar nun tun wird – ob er höflich ist und Sie ebenfalls grüßt, ob er Sie ignoriert, so tut, als würde er Sie nicht hören oder anfängt, Sie wüst zu beschimpfen – er reagiert auf Ihren Reiz. Dies ist das elementare Prinzip der Kommunikation, das Paul Watzlawick hervorgehoben hat: *„Man kann nicht nicht kommunizieren."*[iii]

Selbst wenn Sie, was ich Ihnen natürlich nicht wünsche, in diesem Moment auf der Stelle tot umfielen und am Boden liegen blieben, - was würden Sie nach wie vor an Ihre Umwelt für eine Botschaft senden? Richtig, dass Sie tot sind! Was passiert nun aber mit jenen Menschen, die Sie auffinden? Wie werden sie reagieren? Vielleicht ruft der eine den Notarzt, während der andere kopfschüttelnd an Ihnen vorbeischreitet. Aber eines ist sicher: Sie haben Ihr Umfeld direkt beeinflusst, ob Sie wollten oder nicht. Die anderen Menschen, auch nicht Ihr Nachbar, um bei diesem eher neutralen Beispiel zu bleiben, haben es sich nicht freiwillig ausgesucht, ihrem Stimulus ausgesetzt zu sein. Dennoch werden sie unweigerlich gezwungen, sich nicht nur mit dem Reiz selbst, sondern auch mit den möglichen Konsequenzen ihrer Reaktion zu befassen. Erst an diesem Punkt beginnt der „freie Wille". Oder anders gesagt: Wir können stets nur nach jenen Wahlmöglichkeiten handeln, über die wir auch Bescheid wissen! Dies führt uns jedoch zu einer weiteren Erkenntnis: *Jede Form der Kommunikation ist Manipulation.* Sei es der Morgengruß zum Nachbarn, das Gespräch mit einem guten Freund, das Lesen eines Buches (wie jetzt gerade) oder das Verfolgen der Nachrichten.

Dies sind also die zwei Grundprinzipien, die Sie immer im Hinterkopf behalten sollten, wenn Sie mit anderen Menschen in Kontakt treten:

1. Wir kommunizieren *immer*
2. Kommunikation *ist* Manipulation

Der einzige Unterschied, den der Maßstab der Gesellschaft betreffend Manipulation anlegt, ist jener der *Offensichtlichkeit*. Beim Betrachten einer Werbung in einem Magazin oder im Fernsehen wissen wir nicht nur, dass hier gerade ein Manipulationsversuch stattfindet – nein, wir erwarten ihn geradezu. Und wenn er überraschend, besonders erfolgreich oder überdurchschnittlich gut ist, honorieren wir ihn sogar! Denken Sie nur an die letzte Anzeige in einem Magazin, einer Zeitschrift oder den letzten Werbespot im TV, der Ihnen richtig gut gefallen hat. Gerade *weil* Sie effektiv beeinflusst wurden, und sei es nur, um sich dank der Botschaft besser zu fühlen, haben Sie diese erst recht zugelassen. Dies stellt die Kernproblematik dar, der wir tagtäglich ausgesetzt sind. Selbst wenn wir alles über Manipulation, beispielsweise die Methoden und Vorgehensweisen der Werbung, wüssten, – es würde nichts oder nur wenig daran ändern, dass sie erfolgreich ist. Denn in erster Instanz bedeutet die gezielte Beeinflussung ja auch nur, dass uns die Botschaft überhaupt erreicht. Bis zu diesem Zeitpunkt handelt es sich noch um „gute Kommunikation": dass die Botschaft so beim Empfänger ankommt, wie sie gemeint ist (mehr dazu später im Kapitel 4.1 Das Vier-Ohren-Modell). Nun liegt es an unserer Fähigkeit, selbst zu entscheiden, was wir mit dieser Information anfangen. Je besser unsere Vorbereitung und unsere Selbstmanagement-Werkzeuge, desto erfolgreicher werden wir darin sein, für uns positive von für uns schädlichen Informationen zu trennen. Tony Robbins meinte dazu einmal: „Sie müssen 24 Stunden - sieben Tage die Woche - Wache halten vor den Toren Ihres Geistes."

Dazu ein Auszug aus Wikipedia: „Der Begriff Manipulation[iv] (lat. für Handgriff, Kunstgriff) bedeutet im eigentlichen Sinne ‚Handhabung' und wird in der Technik auch so verwendet. Allgemein ist Manipulation ein Begriff aus der Psychologie, Soziologie und Politik und bedeutet die gezielte und verdeckte Einflussnahme, also sämtliche Prozesse, welche auf eine Steuerung des Erlebens und Verhaltens von Einzelnen und Gruppen zielen und diesen verborgen bleiben sollen."

Der Begriff Manipulation an sich steht also noch nicht zwangsläufig für eine negative Beeinflussung. Im allgemeinen Sprachgebrauch wird er jedoch häufig damit assoziiert. Effektiver Selbstschutz vor ungewollter Beeinflussung bedeutet folglich nicht nur, sich über die Methoden der

Manipulation im Klaren zu sein, sondern vor allem, egal, ob die Beeinflussung gewollt oder ungewollt passiert (wie etwa beim Morgengruß an den Nachbarn; hier werden die wenigsten Leser eine böswillige Absicht unterstellen), mit den Konsequenzen und fortführenden Gedanken, die sie in uns auslöst, bestmöglich *umgehen* zu können!

Effektive Manipulation hingegen bedeutet[v]: „Meinungen, Einstellungen, Entscheide oder Handlungen so beeinflussen, dass Gedanken verändert, stabilisiert oder neu gebildet werden." Dies kann sowohl aus einer positiven wie negativen Intention heraus erfolgen und unabhängig von der Intention (gemäß der Selbstverantwortlichkeit des Empfängers einer Botschaft) positive oder negative Konsequenzen haben.

Wenn wir nun davon ausgehen, dass Kommunikation automatisch Manipulation ist, verliert diese gezielte Beeinflussung jedoch an Charakter. Deshalb soll im Rahmen dieses Handbuches der Begriff Manipulation für die gezielte Beeinflussung eines oder mehrerer Individuen stehen, - zum Zwecke, den eigenen Interessen mehr Bedeutung zu verleihen.

Dieser Prozess funktioniert auf unterschiedlichste Arten, am besten jedoch, indem über emotionale Beeinflussung Werte und Glaubenssätze verändert werden. Um dies gut anschaulich darzustellen, finden Sie weiter unten eine Grafik. Diese zeigt auf, wie die Informationen (jede Information ist auch Feedback, also eine Reaktion auf unser Verhalten) durch vorbewusste Filter laufen, noch bevor wir sie bewusst bewerten können. Diese Filter haben wir durch häufige Wiederholung und Nachahmung von Vorbildern erlernt – man kennt dies auch als „Konditionierung"[vi]. Natürlich können wir diese vorbewussten Filter selbst auch verändern, wenn wir uns dieser überhaupt bewusst sind. Meistens handeln wir jedoch ohne groß darüber nachzudenken, wieso wir einen Sachverhalt (vor allem emotional) so beurteilen und nicht anders. Somit ist das Ziel einer erfolgreichen Manipulation immer, jene vorbewussten Filter zu beeinflussen; und zwar ohne dass die Zielperson dies bewusst bemerkt.

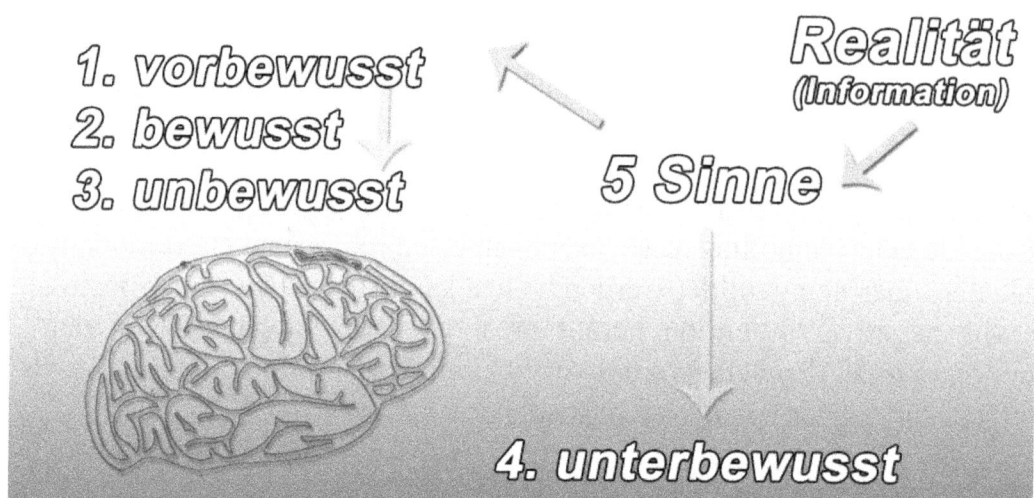

Entstehung der subjektiven Realität[1]

Ist der Beeinflussungsversuch, etwa einer TV-Werbung für ein neues Waschmittel, erfolgreich, wird die Wahrscheinlichkeit erhöht, mit der Sie beim nächsten Einkauf zu dieser Marke greifen. Je öfter Sie dieser Werbung ausgesetzt sind, desto mehr gewöhnen Sie sich auch daran. Es ist wie mit einer *Zwangsheirat*: auch wenn Sie zu Beginn den Partner/die Partnerin verabscheuen sollten, „lernen" Sie ihn/sie nach einiger Zeit doch lieben (bei manchen Paaren dauert dieser Prozess ein Leben lang an). Wenn Sie sich alsdann an den neuen Reiz gewöhnt haben, werden Sie ihn akzeptieren, auch wenn Sie ursprünglich kein Interesse daran, vielleicht sogar eine Abneigung dagegen hatten.

Viel „gefährlicher" oder - korrekter ausgedrückt - viel erfolgreicher ist Manipulation vor allem dann, wenn wir uns gar nicht darüber bewusst sind, dass wir beeinflusst werden. Dann sind die „Tore" zu unserem Unbewusstsein, in dem unsere Emotionalität entspringt, weit geöffnet und wir übernehmen die neue Information nahezu unreflektiert, das bedeutet, ohne lange darüber nachzudenken. Insofern werden wir auch in Momen-

---

[1] Quelle: eigene Grafik

ten, in denen unser Bewusstsein abgelenkt ist, eher zu jenen Verhaltensmustern tendieren, die wir besonders oft wiederholt haben. Denken Sie nur an eine Autofahrt spätnachts durch den Regen. Sie sind bereits müde und plötzlich spielt es im Radio eine Ihrer Lieblingsnummern. Die Zeit verstreicht immer weiter und auf einmal schrecken Sie hoch und fragen sich: „Habe ich die Abfahrt jetzt verpasst oder war sie noch gar nicht da?" Hier hat Sie Ihr Unterbewusstsein, quasi auf „Autopilot", gelenkt und ihr Wachverstand war mit anderen Dingen beschäftigt. Was davon nun wichtiger war - der Song im Radio oder die Fähigkeit, Sie sicher und wohlbehalten an Ihr Ziel zu bringen – diese Antwort überlasse ich Ihnen. Eines wird damit aber klar: unterschätzen Sie niemals die Macht Ihres Unterbewusstseins!

Nun wollen wir diese zwei Arten der Manipulation noch klarer voneinander unterscheiden:

- Beeinflussung der vorbewussten Filter
- Beeinflussung der emotionalen Verhaltensmuster

Wollen Sie Entscheidungen, die *in wachbewusstem Zustand* getroffen werden, etwa bei geschäftlichen Vertragsverhandlungen oder wichtigen Konfliktgesprächen, beispielsweise einer Presseveranstaltung eines gesellschaftlich angeschlagenen Politikers, effektiv manipulieren, so werden Sie bei den *vorbewussten Filtern* ansetzen. Dies ermöglicht die Beeinflussung der Informationsaufnahme, also die Art, wie ein Mensch über Informationen oder einen Reiz *denkt*.
Wollen Sie Entscheidungen, die *in unbewussstem Zustand* getroffen werden, etwa bei einem Einkauf mit den Kindern, der Wahl eines Reisezieles für einen spontanen Kurzurlaub oder ganz banal bei der Entscheidung zwischen zwei Softdrink-Marken wie Cola oder Pepsi, effektiv manipulieren, so werden Sie bei den *unbewussten Verhaltensmustern* ansetzen. Dies ermöglicht die Beeinflussung der Informationsverarbeitung, also die Art, wie ein Mensch gemäß einer Information oder einem Reiz *handelt*.

1.2 Verhalten programmieren

Natürlich wissen Sie schon, dass eine Information umso stärker wirkt, je öfter Sie wiederholt wird. Dies kann im Geschäfts- und im Privatleben passieren. Denken Sie nur an den „Truth-Effekt" (mehr dazu in Kapitel 7.1.2 Das Gesetz der Wiederholung): Während einer wichtigen Teamsitzung meldet sich wieder einmal Kollege Möllner zu Wort, der zwar von der Materie relativ wenig versteht, sich aber gerne in den Mittelpunkt stellt. Sie durchschauen dieses Verhalten sofort, wissen Sie ja selbst genug über die fachlichen Aspekte des Sachverhalts. Leider ist Ihr Chef nicht so gut informiert (seine Aufgabe ist ja auch das Management), hört deshalb aber auch Ihrem Kollegen lange zu. Und da Kollege Möllner nicht aufhört zu reden, selbst wenn Sie Ihn dezent darauf hinweisen, dass Sie noch etwas hinzuzufügen hätten, greift der auch unter dem Namen „Vielredner-Syndrom" bekannte Effekt. Ihr Chef, und andere Kollegen auch, messen Kollegen Möllner und seiner Meinung viel mehr Bedeutung bei als angemessen, respektive sinnvoll wäre. Das Prinzip der Wiederholung hat zu Gunsten von Möllner entschieden: ein Prinzip, dessen sich jeder gute Politiker oder Werbetreibende bewusst ist.

Dies gilt jedoch auch in ganz anderen Konstellationen: je länger Sie einer Information ausgesetzt sind, umso höher ist die Wahrscheinlichkeit, mit der Sie diese auch akzeptieren werden. Dies betrifft alle Bereiche unseres Lebens[vii]:

- Medien (Bücher, Zeitung, TV, Radio, Internet, Flugblätter)
- Werbung
- Eltern und Erziehung
- Vorgesetzte und Kollegen, das berufliche Umfeld
- Familie und Freunde
- Gesellschaft und Kultur
- (Schulische) Aus- und Weiterbildung
- Kirche und Religion

In fast all diesen Umfeldern fungieren Rituale als noch wichtigere Inhibitoren von Glaubenssätzen und Werten, die unsere Wahrnehmungsfilter und Verhaltensmuster bestimmen. Etwa das gemeinsame Familienessen, bei dem gebetet werden muss, bevor das Speisen beginnt, oder das wöchentliche Meeting in der Firma, bei dem zuerst den aktuell besten Verkäufern gratuliert wird, bevor die relevanten Themen besprochen werden.

Im NLP[viii] (Neuro-Linguistisches Programmieren) existieren unter anderen zwei Grundannahmen zum Verhalten, auf die kurz eingegangen werden soll, bevor geklärt wird, *was* Verhalten tatsächlich ist. Das erste Axiom lautet, dass jedes Verhalten eine positive Absicht hat, denn jeder Mensch handelt in der für ihn in diesem Moment bestmöglichen Art und Weise. Auch wenn anderen aus ihrer Weltperspektive diese Handlung negativ erscheint, so ist sie in jenem Moment für den anderen positiv, womöglich weil er nicht genug Handlungsalternativen kennt und ihm deshalb die Möglichkeiten fehlen. Dies ist ein Denkanstoß, sich in die Welt des anderen zu versetzen. Das zweite Axiom lautet: Das Verhalten eines Menschen ist nicht seine Persönlichkeit. Im NLP wird Motivation, der Grund für ein Verhalten oder der Charakter selbst, getrennt vom Prozess, also der Handlung, wahrgenommen. Es ist möglich, jeden Menschen für das zu akzeptieren, was er ist. Dennoch zählt in der Realität häufig das, *was* wir tun, und wird dem gleichgestellt, was wir *sind*.

Grundsätzlich unterscheiden wir zwei Arten von Verhalten: angeborenes und erlerntes Verhalten. Beispielsweise sind unsere Urinstinkte (wozu auch Teile der Intuition gezählt werden können), aber auch Emotionen und Gemütsstimmungen angeboren. Anders wäre unsere Entwicklung zum Homo Sapiens Sapiens laut der Evolutionstheorie nicht möglich. Diese angeborenen Verhaltensmuster erfüllen meist einen bestimmten Zweck, als treffendes Beispiel wäre hier die Angst, aus großer Höhe zu fallen, zu nennen oder die vor lauten Geräuschen. Dies sind überdies die einzigen angeborenen Ängste, beide jedoch aus gutem Grund. Gerade für Kleinkinder sind dies die zwei bedrohlichsten äußeren Einflüsse. Und beide Ängste sind auch in unserem Erwachsenenalter nach wie vor stark ausgeprägt, sei es nun in einer leichten Höhenangst (oder würden Sie sich *wirklich* ohne Bedenken so weit an die Kante der Terrasse stellen, wenn dort kein schützendes Geländer wäre?) oder dem Schreckmoment in Horrorfilmen, der meistens durch bedrohliche Musik vorbereitet wird, gefolgt von kurzer Stille und einem plötzlichen, lauten Knalleffekt, der uns im Sessel zusammenzucken lässt.

Alle anderen Ängste (laut Dr. Richard Bandler) sind also durch Erfahrung (Feedback der Umwelt) angelernt. Das bedeutet, dass sie nur bestimmte Verhaltensmuster sind, die mit einem heftigen emotionalen Zustand verknüpft sind, beziehungsweise in diesen übergehen. Bestimmte Emotionen sind uns angeboren[IX]. Unsere Emotionsdatenbanken sind jedoch offen und nicht geschlossen. Diese Datenbanken sind ebenso wie die Programme, die unsere Reaktionen auf unsere unterschiedlichen Emotionen steuern, bei unserer Geburt nicht leer. Die Evolution hat Anweisungen darin niedergelegt, wie wir zu reagieren haben (Reaktion oder Verhalten), und Empfindsamkeiten vorgegeben, die bestimmen, worauf wir reagieren (Reize, also Anker oder *trigger*). Wir können jedoch jederzeit neue Auslöser und emotionale Reaktion erlernen. Unser Unterbewusstsein ist im übertragenen Sinne relativ faul: sobald es ein programmiertes Verhalten gespeichert hat, das uns zum Ziel führt, wird dieses Verhalten nicht weiter hinterfragt und beibehalten. Dies gründet auch in den Glaubenssätzen, auf die ich später zu sprechen kommen werde. Dabei ist jedoch zu bedenken, dass wir meist das Verhalten wählen werden, das uns am meisten Befriedigung und am wenigsten Umstände bereiten wird, - dies aber immer in der jeweiligen kontextabhängigen Wertehierarchie der Person. So könnte es durchaus möglich sein, dass eine Mutter sich vor ein fahrendes Auto wirft, um ihre Kinder zu schützen. Ihr Verhalten ist vom eigenen Überlebensinstinkt her unlogisch, doch in ihrer Wertestruktur steht das Überleben ihrer Kinder über dem eigenen. So wird unterbewusst und meist in Bruchteilen einer einzelnen Sekunde ein Verhalten ausgelöst, ohne dass wir bewusst Pro und Contra abwiegen können. Deshalb kommt es bei vielen Menschen oft auch zu Handlungen, die sie nachher selbst als „unbedacht" oder „unlogisch" bezeichnen, etwa nach einem so genannten „Impulskauf". Denn mit dem Verstand eine unterbewusste Musterauslösung verstehen zu wollen, setzt voraus, dass das Bewusstsein sich über die volle Tragweite der Reiz-Reaktion, die oben angesprochen wurde, im Klaren ist.

Diese emotionalen Zustände beeinflussen jedoch nicht nur unseren gegenwärtigen Gefühlszustand, sondern auch unsere Folgehandlungen. Natürlich kann ein Verhaltensmuster auch verändert werden. Meist geschieht dies dann, wenn wir für dieselbe Zielerreichung ein effektiveres Muster finden. Das alternative Verhalten kostet uns dann entweder weniger Aufwand, bringt mehr Ertrag oder beides in Kombination. Somit haben wir einen besseren Weg gefunden, zum Ziel zu kommen und werden unser Verhalten dementsprechend adaptieren. Wie oben schon gesagt: „Wir handeln stets nach den Möglichkeiten, die wir kennen". Nun frage ich Sie: sind Sie auch auf der Suche nach besseren Verhaltensweisen, selbst wenn Sie schon eine zielführende Variante gefunden haben? Die meisten Menschen geben sich zufrieden damit, eine halbwegs funktionierende Strategie zu kennen und schieben Fehlschläge einer Strategie, die „normalerweise" funktioniert, aber in einem „Ausnahmefall" eben nicht, auf die Umwelt. Selbst wenn dieser Ausnahmefall nach einiger Zeit zur Regel wird, werden weiterhin Ausreden gesucht, die ein Umdenken oder die Veränderung des Verhaltens angeblich unnötig machen. Mein Tipp: hüten Sie sich vor der Trägheit Ihres eigenen Verstandes und geben Sie sich nicht mit weniger zufrieden als Sie verdient haben. Ansonsten werden andere Menschen Verhaltensweisen für Sie programmieren, die zwar auch zum Teil in Ihrem Interesse liegen mögen, vielleicht aber nicht dem entsprechen, was Sie ursprünglich wollten. Wie genau dies ohne Ihre bewusste Kenntnisnahme passiert oder wie Sie selbst die vorbewussten Filter und das unbewusste Verhalten anderer Menschen beeinflussen können, erfahren Sie in den folgenden Kapiteln.

Nun fragen Sie sich bestimmt auch, wie viel in diesem Buch tatsächlich wahr und wie viel erfunden ist. Es wirkt für manch einen bestimmt befremdlich und weit hergeholt, vor allem für Menschen, die zum ersten

Mal mit diesem Thema konfrontiert werden. Meine Aufforderung an Sie lautet, genau das Gegenteil dessen zu tun, was jeder gute Manipulator bezwecken will: „Nutzen Sie Ihren eigenen Verstand!" Hinterfragen Sie kritisch und mit Sorgfalt, welche Informationen Sie welchen Stellenwert beimessen. Doch tun Sie dies, wenn Sie dies wirklich tun wollen, mit Konsequenz. Das bedeutet, dass Sie auch Ihre eigenen Werte und Glaubenssätze hinterfragen und beginnen, ein mündiges, selbst-bestimmtes Leben zu führen. Der Prozess auf dem Weg dorthin ist jedoch ein manchmal mühsamer, denn er involviert das beständige Hinterfragen, woher Ihre ureigensten Wünsche kommen und ob diese nicht vielleicht doch ohne Ihr bewusstes Zutun von Menschen in Ihrem Umfeld oder von den Medien programmiert wurden.

1.3 Zusammenfassung

In diesem Kapitel wurde gezeigt, wie unsere Wahrnehmung durch Filter beeinflusst wird. Dieser vorbewusste Selektionsmechanismus unterstützt uns beim Zurechtfinden in der Welt (Stichwort „Stereotype"), kann jedoch auch negative Auswirkungen auf unser Denken und Handeln haben. Diese Filter gründen in unserer Programmierung, sei dies nun angeboren, erlernt oder imaginiert.

Mittels Manipulation ist es uns möglich, andere Individuen für unsere eigenen Interessen zu motivieren. Durch gezielte Beeinflussung entweder der vorbewussten Filter oder der unbewussten Verhaltensmuster, die meist emotionaler Natur sind, ändert sich letztlich das Denken oder Verhalten. Dies geschieht in einem ständigen Kreislauf der Kommunikation, indem wir andere manipulieren und von anderen beeinflusst werden.

Nur, indem wir uns der Methoden der Manipulation bewusst sind und über die nötige Kompetenz des Selbstmanagements verfügen, können wir uns vor negativer Beeinflussung schützen. Denn einer Beeinflussung durch andere sind wir kontinuierlich ausgesetzt: es beginnt mit der Erziehung durch die Eltern, wird durch die Programmierung im Schulsystem sowie die Rituale im Privat- und Geschäftsleben fortgeführt und schlussendlich durch professionelle Methoden der Werbung, Politik und Religion perfektioniert.

KAPITEL 2: BEISPIELE AUS DEM ALLTAG

In diesem Kapitel soll anhand von zahlreichen anschaulichen Beispielen aufgezeigt werden, von wem, warum, wann, wo und wie Sie manipuliert werden. Dafür wurden die Schwerpunkte auf Werbung, Politik und Religion gesetzt. Dies soll nur einen kleinen Einblick geben in die diversen Methoden, die alltäglich genutzt werden, und versucht nicht, einer eklektischen Darstellung gerecht zu werden. Vielmehr sollen Sie, werter Leser, werte Leserin, Ihre Wahrnehmung schärfen lernen, um mit offenen Augen und Ohren durch die Welt zu gehen. Sie werden womöglich schneller, als Ihnen lieb ist, reale Manipulationsversuche erkennen, die Sie früher völlig unbewusst aufgenommen hätten.

2.1 Wahrnehmung und vorbewusste Filter

Bestimmt kennen Sie das berühmte Bild der Sinnestäuschung von der unendlichen Treppe[2].

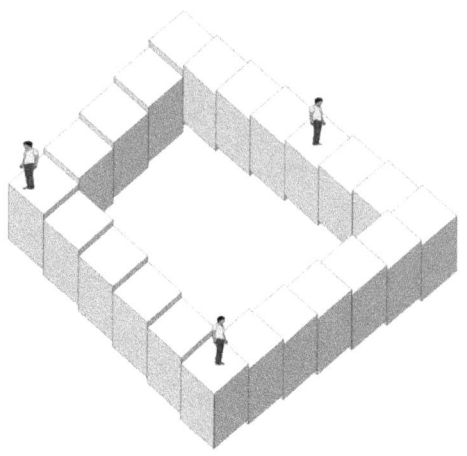

Dabei[x] handelt es sich um die zweidimensionale Darstellung eines dreidimensional unmöglichen Gegenstandes, nämlich die perspektivische Darstellung einer einen geschlossenen Innenraum umlaufenden Treppe, die in sich selbst zurückläuft und in einer Richtung scheinbar ständig hinab- und in der anderen Richtung ständig hinaufführt.

---

[2] Quelle: Roger & Lionel Penrose

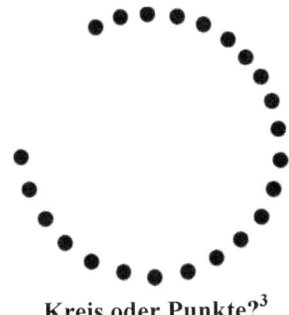

Obwohl wir genau wissen, dass diese Treppe niemals real sein kann, sehen wir sie dennoch. Der Grund liegt darin, dass unsere vorbewussten Filter durch unsere Erfahrungen konditioniert wurden. Zum Beispiel sehen viele in der nächsten Grafik auch einen Kreis anstatt einer unvollständigen Anzahl von Punkten oder ein verkehrtes C.

Kreis oder Punkte?[3]

Wir tendieren generell dazu, unvollständige Muster automatisch zu ergänzen. Genauso haben wir aber auch gelernt, dass es gesellschaftliche oder moralische Prinzipien gibt, nach denen wir uns zu verhalten haben. Dadurch wird aber nicht nur unser Verhalten bestimmt, sondern auch direkt unser Denken. Natürlich ist unsere Wahrnehmung immer auch abhängig von unseren aktuellen Lebensumständen.

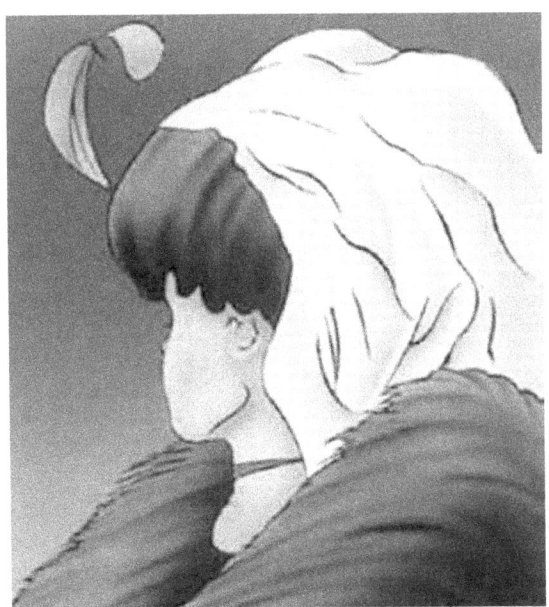

Großmutter oder junge Frau?[4]

---

[3] Quelle: eigene Grafik
[4] Quelle: W.E. Hill (1915), inspiriert von Wilke

So nehmen wir im unteren Bild, einer sehr berühmten Zeichnung, entweder eine alte Frau mit markanter Nase und gesenktem Kopf oder eine junge Frau mit Schleier, die von uns wegsieht, wahr.

Welche davon sehen Sie? Die Nase der Großmutter stellt das Kinn der jungen Frau dar, der Mund die Halskette und die weißen Haare den Schleier. Ebenfalls interessant ist die Vase mit den neun Delfinen. Oder sehen Sie etwa eine erotische Szene? Wenn Sie noch sehr kleine Kinder haben, zeigen Sie ihnen die Vase, nur keine Scheu! Sie werden überrascht sein, doch diese können kein Pärchen in erotischer Stellung sehen, sondern nur neun Delfine. Können Sie sie jetzt auch erkennen? Sie befinden sich als schwarze Leerräume zwischen dem ineinander geschlungenen Paar.

9 Delfine oder ein erotischer Akt?[5]

Dies ist ein wunderbares Beispiel dafür, wie wenig uns selbst davon bewusst ist,

---

[5] Quelle: Sandra Del-Prete

dass überhaupt und wie unsere vorbewussten Filter aktiv sind. Doch täuschen Sie sich nicht: nur weil sie bewusst nicht wahrnehmen, welche Botschaft wirklich kommuniziert wird, bedeutet das nicht, dass sie nicht davon beeinflusst werden. Werbeexperten, Politiker, Führungskräfte und viele andere sind sich dessen durchaus bewusst und nutzen dieses Wissen für ihre eigenen Interessen. Wir werden in den nächsten Kapiteln genau diese Geheimnisse lüften. Eine ganz simple Technik, wie dies in der Werbung eingesetzt wird, wurde anhand dieses Bildes veranschaulicht:

„Flower Design"[6]

---

[6] Quelle: © August Bullock 1979. Artwork by Nelson Carrick. All Rights Reserved. The Secret Sales Pitch: An Overview of Subliminal Advertising. TheSecretSalesPitch.com

Haben Sie die Buchstaben erkannt? Spätestens jetzt fällt es Ihnen sicherlich wie Schuppen von den Augen:

„Flower Design"[7]

Unsere Wahrnehmung selbst wurde durch Erfahrung konditioniert und so ist es keine Überraschung, dass den meisten Menschen nicht bewusst auffällt, wenn Worte und Symbole im „Schatten" oder in den leeren Bereichen von Bildern verborgen sind, wie hier. Auch als 1994 das Logo von dem weltweit bekannten Unternehmen FedEx überarbeitet wurde, beherzigte der Designer Lindon Leader diesen Aspekt und bettete einen „unsichtbaren" Pfeil ein. Ist Ihre Wahrnehmung schon geschärft genug, um diesen zu erkennen?

---

[7] Quelle: s. Fußnote 6

FedEx Logo[8]

Dieser steht natürlich für die schnelle Erledigung der Postsendungen, vor allem weil im westlichen Sprachraum von links nach rechts gelesen wird (vgl. dazu die „Time-Line" aus dem NLP oder der Psychotherapie).

Im Interview bestätigte Herr Leader, dass der Pfeil ganz bewusst eingefügt wurde und erklärt hier, warum[xi]: „Die Macht des verborgenen Pfeils ist schlichtweg ein „versteckter Bonus". Entweder man sieht ihn oder nicht. Das Wichtige dabei ist nicht, dass man ihn bewusst wahrnimmt oder nicht, denn das verändert nicht den Effekt, den es auf die essentielle Kommunikation des Logos hat."

Somit überrascht Sie auch nicht mehr, dass es bei Amazon.com alles von „A bis Z" gibt und der gelbe Pfeil ein Lächeln imitiert.

Amazon.com Logo[9]

---

[8] Quelle: http://www.fedex.com, Zugriff am 2012-04-05
Der Pfeil verbirgt sich übrigens zwischen dem E und dem X im weißen Bereich des Bildes.

Welche Logos finden Sie noch, die eine subbewusste Bedeutung enthalten? Ein kleiner Tipp: Es sind bedeutend mehr, als Sie denken.

Da wir uns unbewusst ständig in einem Lernprozess befinden, ist es umso wichtiger, sich ständig darüber im Klaren zu sein, welche Informationen auf uns einfließen. Insbesondere, weil wir am einfachsten durch Nachahmung lernen, sind wir vor allem durch häufige Wiederholungen sehr leicht zu manipulieren. Auch das Prinzip der Suggestion oder Autosuggestion kommt hier zum Tragen. Je öfter wir einen Ausspruch oder eine Information im Radio hören, in einem Magazin oder einer Tageszeitung lesen oder im Fernsehen sehen, desto eher halten wir sie für wahr. Dies wird als impliziter Lernprozess bezeichnet.

Das bedeutet, dass wir unbewusst lernen. Ebenso wie wir unbewusst lernen, können wir auch unbewusst konditioniert werden. Jede gut gemachte Werbung (und damit auch jeder gut geplante Manipulationsversuch) bedient sich dieses Musters. Wissenschaftliche Experimente wie das von Gerald Korn im Jahr 1982 beweisen, dass sich menschliche Entscheidungen durch dieses Prinzip beeinflussen lassen, indem spezielle Reiz-Reaktions-Muster geschaffen werden. Dies ist auch im NLP bekannt als "Ankern". Sie werden später mehr darüber lesen und lernen, wie Sie diese Technik mannigfaltig einsetzen können.

Dieser Effekt wurde 1970 in New York City von Dr. Lloyd Silverman bestätigt. Dabei wurde klar, dass eine subbewusste Beeinflussung, wie sie häufig in der Anzeigenwerbung eingesetzt wird, nur dann funktioniert, wenn sie ein bestehendes Bedürfnis befriedigt. Das bedeutet, dass zwei Bedingungen erfüllt sein müssen, damit eine subbewusste Beeinflussung erfolgreich ist:

1. der Konsument leidet an einer unbewussten Angst, *und*
2. die Angst führt den Konsumenten zu einer neurotischen Handlung.

---

[9] Quelle: http://www.amazon.com, Zugriff am 2012-04-06

2.2 Werbung

„Morgens halb zehn in Deutschland..." Kennen Sie diese Werbung von Storck noch? Wissen Sie, um welches Produkt es dabei ging? Natürlich: „Knoppers, das Frühstückchen." Wieso ist es so gut in Erinnerung geblieben?

Besonders in der Werbung wird mit viel Manipulation gearbeitet. Dieser Fakt ist uns natürlich bewusst. Oftmals handelt es sich aber nicht nur um subbewusste Botschaften, sondern es wirkt fast geradezu so, als würden es uns die Werbetreibenden direkt unter die Nase reiben wollen. Dies ist insbesondere bei Werbung mit sexuellem Kontext der Fall. Obwohl wir unbewusst natürlich die Botschaft direkt verstehen, schaltet sich unser vorbewusster Filtermechanismus ein und lässt uns teilweise offensichtliche Andeutungen nicht bewusst wahrnehmen.

Der Grund, weshalb wir gelernt haben, diese Dinge auszublenden, ist meistens die Konditionierung durch Eltern, das Schulwesen und die dort vermittelten moralisch-gesellschaftlichen Prinzipien. Doch je "verbotener" ein Gedanke ist, umso attraktiver wird er. Genau dieses Wissen machen sich viele Werbungen zu Nutze. Hier sollen nur ein paar wenige Beispiele aufgeführt werden, um Ihre Wahrnehmung dafür zu schärfen, dass vielleicht noch mehr Botschaften in einer Anzeige versteckt sind als auf den ersten Blick ersichtlich. Denken Sie daran, dass wir meistens nicht länger als zwei bis drei Sekunden auf eine Werbung achten, oftmals noch viel weniger. Gleichzeitig kostet es teilweise horrende Summen an Geld, um diese Anzeige zu schalten. Ganz naiv gefragt: Glauben Sie, dass sich die Werbespezialisten gar nichts dabei denken?

In der Werbung[xii] werden diverse Methoden genutzt, die oft weit verbreitet sind. Die zwei typischen Beispiele für solche Strategien sind:

AIDAS (attention, interest, desire, action, satisfaction)

1. Die Aufmerksamkeit des potenziellen Kunden gewinnen.
2. Das Interesse an dem Produkt wecken.
3. Der Kunde soll einen Kaufwunsch verspüren.
4. Der Kunde soll „in Aktion" treten und das beworbene Produkt auch tatsächlich kaufen.
5. Der Kunde soll in seinem Kauf bestätigt werden und mit seiner Kaufentscheidung zufrieden sein.

PPPP (picture, promise, prove, push)

- Es sollten bildliche Darstellungen verwendet werden.
- Aus der Werbung sollte sich ein Versprechen ableiten (z.B. „Unser Waschmittel wäscht auch den gröbsten Schmutz!").
- Das Versprechen sollte bewiesen werden (Waschmittel wäscht tatsächlich groben Schmutz), z.B. durch bildliche Darstellungen oder auch Güte-Siegel wie Stiftung Warentest.
- Die Aufforderung zum Handeln / zur Tat sollte gegeben werden („Überzeugen Sie sich selbst davon!").

Das Pareto Prinzip[xiii] ist eine in der Werbung und im Marketing weit verbreitete Erkenntnis, auch bekannt unter dem Namen „Die 20/80 Regel". Sie besagt, dass 20% der Konsumenten für 80% des Umsatzes verantwortlich sind. Aus diesem Grund ist Werbung häufig genau auf jene 'Heavy Users' ausgerichtet. 'Heavy Users' von Alkohol sind beispielsweise Alkoholiker. Deshalb wird Werbung von einem Hersteller alkoholhaltiger Getränke, vorausgesetzt das Unternehmen möchte möglichst effizient arbeiten und höchstmögliche Profite einfahren, immer auch direkt versuchen Alkoholiker zu beeinflussen.

Schlussendlich ist dies ein Extrembeispiel dafür, welche Bedürfnisse sich von außen beeinflussen lassen, um zu neuen Handlungen zu führen. Natürlich ist nicht jeder Mensch ein Alkoholiker und es finden sich auch immer weniger Raucher, doch es gibt einen Trieb, der in jedem Menschen vorhanden ist und der zu einem der stärksten Triebe überhaupt zählt: Sex. Womöglich ist das die simple, aber vielleicht doch genau deshalb so offensichtlich logische Antwort auf die Frage, weshalb vor allem in der heutigen Zeit nicht nur die Werbung, sondern so gut wie jede Botschaft mit Sex verkauft wird. Selbstverständlich wäre es für manche Unternehmen PR-technisch nicht sinnvoll, direkt zu kommunizieren, dass das eigene Produkt mit Sex verknüpft werden soll.

Doch es gibt Mittel und Wege, uns unbewusst daran zu erinnern, ohne dass es uns bewusst auffällt. Eine beliebte Technik dafür nennt sich Air-Brushing. Dabei werden in echte Fotos oder gezeichnete Bilder spezielle Botschaften so eingebaut, dass diese durch assoziatives Denken unbewusst einen Reiz auslösen (wie oben bei der Blume oder dem FedEx Logo). Was bedeutet nun assoziatives Denken[xiv]?

„Assoziation dient (...) zur Erklärung des Phänomens, dass zwei (oder mehrere) ursprünglich voneinander unabhängige psychische Inhalte (beispielsweise Sinneseindrücke, Emotionen oder Gedanken) eine so enge Verbindung eingehen, dass das Abrufen einer Information das Auftreten einer oder mehrerer weiterer damit verknüpfter Informationen folgert oder zumindest begünstigt. So werden etwa der Anblick einer Blume und der Geruch einer Blume im Gehirn miteinander verbunden, da sie beim Lernen meist gemeinsam auftreten (Konditionierung), während Zitronen-Duft womöglich eher das Bild einer Spülmittel-Flasche abruft."

Die Kunst dieser Technik besteht darin, dass die Informationen beim Unbewusstsein ankommt, ohne dass der bewusste Verstand sie registrieren würde. Oftmals sind die Worte oder skizzenhafte Zeichnungen in Bereichen des Fotos versteckt, wo der bewusste Fokus nicht liegt. Nichtsdestotrotz nehmen wir natürlich das komplette Bildmaterial wahr und damit auch alle Informationen in uns auf.

Das war jedoch nur die Spitze des Eisberges. Es gibt noch viel beeindruckendere Beispiele dafür, wie viele Gedanken sich Unternehmen machen, um unbewusste Botschaften in ihren Anzeigen einzubauen. Dabei wird noch stärker mit assoziativem Denken gearbeitet, um unbewusste Reize und Triebe zu stimulieren. Oftmals handelt es sich dabei um besonders tief sitzende Ängste (ob nun angeboren oder konditioniert, sei dahingestellt), wie etwa jene vor dem Tod oder sexuell zu versagen.

Für Letzteres gibt es eine großartige Werbekampagne des amerikanischen Zigarettenproduzenten Benson & Hedges, eine Marke, die es mittlerweile bis in den deutschen Sprachraum geschafft hat. Die Werbeanzeige stammt aus dem Jahr 1976 und ist Teil einer ganzen Serie an Sujets, von denen einige weitere ähnliche subliminale Beeinflussungsmethoden einsetzen, um ähnliche sexuelle Muster anzusprechen. Das Spannende an dieser Art der Werbung ist, dass die Botschaft sowohl im Text als auch im Slogan und im Foto kommuniziert wird. Zudem wurde das Foto nachbearbeitet, um den gewünschten Effekt zu verstärken. Die Besonderheit hierbei ist eindeutig die akribische Planung der gesamten Szene: Dies kann kein Zufall gewesen sein, zumal sich weitere (gänzlich andere) Werbesujets derselben Anzeigenreihe in diesem Zeitraum finden, die ebenso professionell geplant wurden. Hier wurde nichts dem Zufall überlassen und typische Ausreden von Marketingagenturen, dass diese angedeuteten Symbole in einer Anzeige „zufällig" entstanden seien, können hier aufgrund der Häufigkeit und gleichen Gestaltungsart nicht gelten.

Als Beispiel für diese Kampagne finden Sie hier die Anzeige mit dem Slogan „If you got crushed in the clinch with your soft pack try our hard pack." – „Wenn Sie beim Nahkontakt Ihr weiches Paket gebrochen haben, probieren Sie unser hartes Paket." Die Werbung zeigt ein Pärchen in einer romantischen Szenerie. Sie ist eindeutig an ihm interessiert und schmiegt sich an, doch er sieht in die Kamera, als wollte er Ihnen direkt in die Augen blicken. In seinem Gesicht spiegelt sich Überraschung und leichte Unsicherheit wider. Diese Anzeige, wie einige weitere dieser

Werbereihe, spielen mit den männlichen Ängsten der Impotenz. Dies wird gerade auch durch den Slogan kommuniziert: das „gebrochene Paket" ist weich (oder besser gesagt schlaff) und es wird das harte Paket als Lösung angeboten. Insbesondere, da bei Männern mit Potenzproblemen eine Zigarettenpause häufig als sozialer Fluchtmechanismus dient, um der Schmach zu entgehen.

Benson & Hedges 100's Werbung (1976)[10]

---

[10]   Quelle: Pollay   Advertisements,   Zugriff   am   2012-02-18: http://tobaccodocuments.org/pollay_ads/Bens04.12b.html

So weit, so gut – und teilweise vielleicht sogar etwas Spekulation von unserer Seite aus. Doch was wünscht sich ein Mann mit „schlaffem Paket"? Eine handfeste Lösung natürlich! Und wie die Faust aufs Auge haben die Werbegrafiker kurzerhand ein erigiertes Glied in die linke Hand des Mannes „gesetzt". Schauen Sie genau hin: der Rückenbereich der Frau wirkt auf den ersten Blick nicht weiter absonderlich, doch bei genauer (bewusster) Betrachtung fällt auf, dass ein Teil der Schatten so angepasst wurde, dass der helle Bereich an einen Penis erinnert, den unser Held fest in der linken Hand hält (im Vergleich zur relativ entspannten rechten Hand weiter oben).

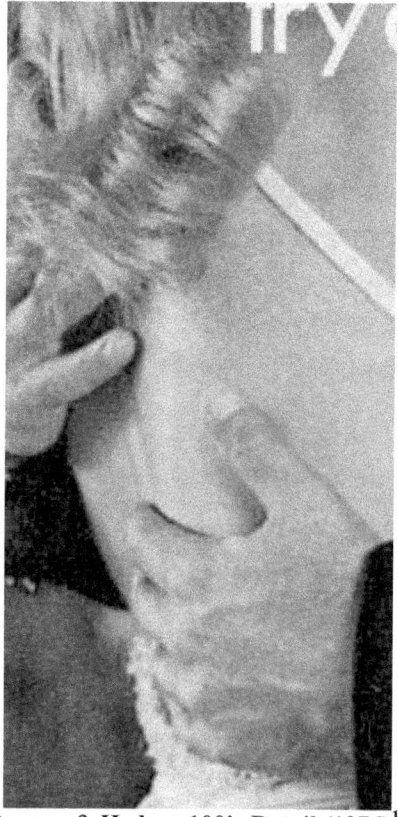

Benson & Hedges 100's Detail (1976)[11]

---

[11] Quelle: s. Fußnote 10

Nun kennen Sie bereits einige visuelle Manipulations-Methoden. Wie aber steht es um unsere restlichen Sinne?

In jedem Sinneskanal ist es möglich, bestimmte Reize und Emotionen mit einer Reaktion zu verknüpfen. Es sind dies unsere fünf Sinne Sehen, Hören, Fühlen, Riechen und Schmecken. Die am häufigsten angesprochenen sind zweifelsohne das Sehen, das Hören und das Fühlen. Auf jene konzentrieren sich die meisten Beeinflussungsmethoden. Dabei bedienen sie sich eines der grundlegendsten Muster der Verhaltensveränderung bzw. der Verhaltensprogrammierung. Diese Technik erlernen Sie in Kapitel 6.2.4 Ankern.

2.3 Politik

Wir alle wissen: „Politikern ist nicht zu trauen." Woher kommt dieser Glaubenssatz? Natürlich daher, dass Politiker eine reine Funktionsrolle erfüllen, und zwar vertreten sie schon definitionsgemäß die Interessen anderer. Doch die Interessen vieler unter einen Hut zu bringen, ist eine schwierige Aufgabe: Immerhin gibt es mindestens so viele (subjektive) Realitäten, wie es Menschen auf diesem Planeten gibt. Deshalb ist es auch notwendig, dass ein Politiker vage in seiner Sprache und in seinen Aussagen bleibt, damit er möglichst viele Menschen erreicht. Spannend ist für uns vor allem der Kontext einer direkten Befragung durch einen fähigen Journalisten, der die Tricks und Kniffe der Spitzenredner kennt.

Am meisten lernen Sie deshalb meiner Meinung nach, wenn Sie im Internet nach genau jenen Streitgesprächen recherchieren. Hier möchte ich nur einige typische Techniken ansprechen, die zum Standard-Repertoire eines guten Interessensvertreters gehören. Alle weitergehenden Instrumente der Beeinflussung lernen Sie in Kapitel 7 kennen.

Ausweichende Antworten

Selbst auf noch so konkrete Fragen wird eine sehr komplexe, mehrere Teilbereiche umfassende Antwort gegeben. Damit ist es möglich, gezielt den Fokus auf ein Thema zu lenken, das womöglich nicht in direktem Zusammenhang mit der (unangenehmen) Frage steht, aber den Gesprächspartner beschäftigt. Dies ist vor allem bei Fernseh-Interviews sehr beliebt, da hier um jede Sekunde der Sendezeit gekämpft wird. Je mehr Zeit der Politiker zum Sprechen erhält, ohne die Frage direkt zu beantworten, umso schlechtere Arbeit leistet demzufolge der Journalist.

Rückfragen

Mich überrascht jedes Mal, dass viele Journalisten eine Rückfrage überhaupt gestatten. Ist es nicht genau ihr Job eine Frage so zu stellen, dass eine konkrete Antwort möglich ist? Nichtsdestotrotz erkundigen sich viele Politiker lieber mehrmals nach dem Ursprung der Frage und nutzen die Antworten, die dann kommen, zur gezielten Ablenkung vom eigentlichen Inhalt. Sie können fast davon ausgehen, dass eine Gegenfrage immer dann gestellt werden wird, wenn dem Politiker die Ablenkungsmöglichkeiten zur aktuellen Frage ausgegangen sind.

Ablenkung auf anderen Fokus

Die gezielte Streuung von Desinformation ist gleichzusetzen mit der bewussten Fokus-Verschiebung auf unwesentliche Teilbereiche der gestellten Frage. Dies macht die Technik aber so effektiv, da sie die Frage zwar (teilweise) beantwortet, die relevante Information aber weglässt. Bei einem unaufmerksamen Gesprächspartner oder Zuhörer könnte der Eindruck entstehen, die Frage wäre beantwortet worden, obwohl dies eigentlich nicht der Fall ist.

Chunking

Dieses Prinzip lernen Sie später noch genauer in Kapitel 8 kennen. Es ist ein Meta-Programm (aus dem NLP) und bezieht sich darauf, dass wir in einem Thema beliebig zwischen Detail und Überblick springen können. Ist eine Frage also etwa auf ein konkretes Detail gerichtet, schinden viele

Politiker Zeit, indem sie zuerst auf einen globalen Überblick verweisen, um das „Problem an sich" darzulegen. Als Argument, dies zu tun, wird häufig angegeben, dass es keinen Sinn mache, über „Kleinigkeiten und Details" zu diskutieren, solange das Problem an sich noch nicht klar definiert und abgegrenzt sei.

Priming

Das englische Wort „primen" steht für das Vorbereiten von später folgenden Inhalten und Geschehnissen. Politiker setzen diese Technik ein, um etwa die Beantwortung einer Frage vorwegzunehmen und diese dann dennoch untergehen zu lassen. Als Beispiel wird auf eine konkrete Detailfrage geantwortet mit: *„Das ist ein ganz wichtiger Punkt, den Sie ansprechen, und ich werde ihn auch gleich beantworten. Hervorheben möchte ich vorher noch, dass in Zusammenhang damit ... ."*

Schwammige Sprache

Mit den vagen und teils hypnotischen Sprachmustern, die Sie in Kapitel 7.4 Information verschleiern: Milton-Modell) kennen und anwenden lernen, ist es Ihnen möglich, eine Flut an Informationen zu geben, obwohl diese in Wirklichkeit nichts sagend sind, oder die wirklich wichtigen Details können ausgelassen werden, ohne dass es dem Gesprächspartner auffallen würde. Es ist ein sehr umfassendes Werkzeug und findet häufig auch in der Gesprächshypnose Anwendung, wo es seine eigentlichen Wurzeln hat.

Nirgendwo sonst wie in der Politik ist Körpersprache interessanter zu beobachten: Bis ins kleinste Detail geschulte Spitzenpolitiker verhalten sich – vor allem in außergewöhnlichen Stresssituationen – zum Teil noch immer unreflektiert. Gerade diese besonderen Momente begünstigen eine Analyse und sind perfektes Training, wenn Sie Ihre Wahrnehmung schulen möchten. Im Kapitel 6.2 Gesicht und Gestik lernen Sie noch mehr über die nonverbale Ausdrucksform, hier soll nur ein Überblick geboten werden, damit Sie schon jetzt beginnen, kurze Analysen zu tätigen[xv].

Merkel und Sarkozy während der Finanzkrise 2011/2012[12]

Die beiden Top-Politiker wirken, obwohl sie eigentlich Vertrauen und Stabilität kommunizieren wollen, von der Körperhaltung her unsicher und widerwillig. Beide haben verkreuzte Hände und Beine - typische Tiefstatus-Signale. Die Finger sind verschränkt und angespannt, der Blick unfokussiert, zur Seite gerichtet. Ein typisches Zeichen der Biologie: Der Gegner kommt meist von hinten, weshalb dieses Verhalten dafür stehen kann, dass wir das aktuelle Thema mit Vorsicht behandeln.

Papademos am 12. Februar 2012[13]

Im griechischen Parlament soll gegen Mitternacht über das von der Troika verlangte Sparpaket abgestimmt werden. Einer der bedeutendsten Momente der griechischen Geschichte in der EU bricht an. Das Zusammendrücken der Finger von Papademos steht ganz typisch für Ehrgeiz, vielen bekannt als cha-

---

[12] Quelle: reuters/jesco denzel
[13] Quelle: reuters/john kolesidis

rakteristisches Merkmal von Mr. Burns aus den Simpsons. Der ange-strengte Blick deutet hin auf die Kognition, der Wille überwiegt und lässt dem Körper keine Zeit für Entspannung. Dementsprechend angestrengt und hochgehalten sind auch die Schultern. Er ist eindeutig besorgt und nimmt die Lage um einiges ernster als sein Vorgänger Papandreou.

Stärke zeigen oder doch unsicher?[14]

Die Hände liegen weit voneinander entfernt und nutzen fast die gesamte Tischfläche. Papademos macht sich groß, er ist von der Gestik her im Hochstatus und demonstriert Fachkompetenz und Sicherheit. Seine

---

[14] Quelle: reuters/dimitri messinis

Schultern sind nach wie vor angespannt, was jedoch für eine gewisse Unsicherheit oder zumindest die Erwartung von Komplikationen steht. Seine Mimik wirkt träge und ausgelaugt. Er benötigt die letzten Energiereserven, um seine Botschaft zu übermitteln. Die leicht versetzte Körperhaltung deutet zudem auf verschränkte Beine hin, oder zumindest die Gewichtsverlagerung auf eine Seite, was für Tiefstatus steht. Das auf den ersten Blick nach außen hin vermittelte Bild der Sicherheit und Konsequenz ist also fraglich, steht es de facto ja auch auf „wackeligen Beinen".

Die typische belehrende Geste[15]

Heftige Debatten löste das unmittelbar bevorstehende Sparpaket der Griechen zu Zeiten der EU-Finanzkrise aus. Venizelos (links) und Papademos (rechts) besprechen die Abkehr des Schuldenmachens. Venizelos demonstriert mit tief gesenktem Haupt seine Unterwürfigkeit und hält sich mit der rechten Hand am Stift fest, mit dem er wohl gerade spielt. Er ist also nicht ganz bei der Sache, womöglich weil er die Botschaft nicht

---

[15] Quelle: reuters/dimitri messini

zum ersten Mal an Papademos heranträgt. Er beharrt jedoch auf seiner Position, was die emotionale linke Hand mit erhobenem Zeigefinger zeigt. Die Mimik von Papademos passt zu dieser isolierten Interpretation: Er hört zu, doch geht sein Blick ins Leere, er ist abwesend in Downtime und im inneren Dialog mit sich. Die zurückgelehnte Körperhaltung signalisiert Desinteresse und der abgewandte Oberkörper unterstreicht dies und zeugt von Unzufriedenheit.

Eine Verteidigungspose[16]

Der österreichische Politiker Karl-Heinz Grasser ist auf Grund diverser politischer Skandale sehr oft ins mediale Interesse gerückt. Er ist zweifelsohne einer der bestgeschulten Politiker in Österreich und selbst in emotionalen Extremsituationen ein Meister der Kommunikation.

Dementsprechend spannend ist die Analyse seiner Körpersprache, wenn er sich in teils sehr persönlichen Konflikten verantworten muss. Das Foto oben stammt von der Pressekonferenz kurz nach einer Hausdurchsuchung bei ihm. Es zeigt eine typische Verteidigungspose: den Zeigefinger am Kinn. Das Kinn wird bei Männern unbewusst häufig als Knotenpunkt der Kraft assoziiert, der untere Kiefer steht für Bisskraft und Maskulinität. Ein scharf geschnittenes männliches Kinn ist nicht umsonst

---

[16] Quelle: ap/ronald zak

auch als Schönheitsideal weit verbreitet. Ein Bart ist häufig Imponiergehabe und Tarnung, um dem Gegner die Einschätzung der Größe des Kiefers zu erschweren.

Vier Bilder in unmittelbarer Abfolge[17]

Die Unsicherheit im ersten Bild verstärkt sich durch die Schutzgeste, das Abdecken des Halses mit der Hand. Die Gefahr kommt in der Evolution meist von hinten, der Blick in die Ferne deutet auf die Erinnerung an ein Bildnis oder Geschehen hin. Aus der oben im Detail beschriebenen Verteidigungsposition, dem Zeigefinger am Kinn, wird schnell eine attackierende Geste, ganz plump gesagt eine „Pistole", die die Rechtfertigung untermauern soll. Nächste Seite: Zu guter Letzt sehen wir den Versuch, sich zusammenzuraufen. Fahren wir uns zärtlich über die eigenen Haare oder spielen damit, so wie es Frauen häufig beim Flirt tun, suggerieren wir das Verlangen nach Beschützung und Streicheleinheiten.

---

[17] Quelle: reuters/lisi niesner

Haareraufen[18]

Es ist ein Tiefstatus-Signal und gleichzeitig eine Selbstliebkosung. Bei Grasser ist dies weniger der Fall, er ist bemüht, seine Fassung zu erlangen und die Dinge neu zu sortieren, der Blick nach unten und die Unsicherheit in der Mimik deuten auf Verzweiflung hin.

Um Politiker in Extremsituationen zu erleben, empfehle ich Ihnen, Videos im Internet zu recherchieren, die von knackigen Diskussionen kurz vor der Wahl oder noch besser privaten Skandalen handeln. In diesen Momenten lernen Sie am meisten durch Beobachtung und Analyse, ohne den Inhalt zu kennen. Drehen Sie im besten Fall beim ersten Durchlauf den Ton ab und notieren Sie Ihre Eindrücke, überprüfen Sie diese dann in einer zweiten Runde mit dem Inhalt bei zugeschalteter Tonspur.

---

[18] Quelle: ap/ronald zak

2.4 Zusammenfassung

In diesem Kapitel wurden typische Beispiele aus dem Alltag gezeigt, die unsere allgemeine Wahrnehmung, die Beeinflussung in der Werbung und die Analyse von Politikern umfassen.

Der Fokus lag dabei darauf, dass Sie Ihre eigene Wahrnehmung schärfen lernen und einen Blick für das Detail entwickeln, mit dem Sie zusätzliche Informationen erhalten, die anderen Menschen verborgen bleiben. Je mehr Informationen Sie besitzen, umso qualitativ hochwertigere Entscheidungen können Sie schlussendlich auch treffen. Deshalb empfiehlt es sich, einen Schwerpunkt Ihres Trainings auf die Analyse von Körpersprache, Mimik und Gestik zu legen, da diese Punkte in der Kommunikation mit anderen Menschen von größter Relevanz sind.

Im Web und in anderer Literatur finden Sie genügend Übungen, um Ihre Wahrnehmung zu erweitern, eine der effektivsten Methoden bietet Ihnen übrigens das NLP, das neuro-linguistische Programmieren. Dabei lernen Sie sich selbst und andere Menschen besser einzuschätzen und besser zu erreichen. In qualitativen Ausbildungen ist zumeist auch eine grundlegende Einführung in Körpersprache und Stimmtechnik vorzufinden.

Ich selbst biete diese Art der Ausbildung an:

www.ZHIconsulting.de

KAPITEL 3: DAS P-S-I PRINZIP

Das folgende Kapitel bietet einen Überblick über die Grundlagen der Beeinflussung. Es führt 3 Modelle an: Den Ablauf einer gelungenen Manipulation, eine Richtskala zur Bestimmung der Effektivität und die Intensität, also die Reichweite der Beeinflussung. Diese stellen das Fundament für alle folgenden Kapitel dar. Um sich diesen Prozess besser merken zu können, empfiehlt sich die Abkürzung als 6-6-6 oder P-S-I Prinzip, das folgende Ebenen enthält:

- 6 **P**hasen
- 6 **S**tufen
- 6 **I**ntensitäten

3.1 Die 6 Phasen: Der Ablauf

Der normale Ablauf einer Beeinflussung zwischen zwei einzelnen Menschen im persönlichen Direktkontakt gestaltet sich häufig nach einem ähnlichen Muster. Hierbei steht zuerst der Aufbau von Sympathie im Vordergrund. Dies findet vor allem über eine nonverbale Ebene statt. Inhaltlich werden persönliche, emotionale Werte gefiltert. Basierend auf diesen Werten werden Emotionen geweckt und diese sodann mit den eigenen Zielen verknüpft. Um die beeinflusste Person auch wirklich zum Handeln zu bringen, wird eine Erwartungshaltung aufgebaut und diese als Grundlage zur Selbstmotivation genutzt. Dieses Schema lässt sich später auch auf andere Interaktionen abstrahieren, beispielsweise wenn die zu beeinflussende Person die Botschaft über Mittelsmänner oder die Medien erfährt. Hier nun die sechs Phasen, chronologisch sortiert:

- 1. • Rapport aufbauen
- 2. • Werte filtern
- 3. • Emotionen evozieren
- 4. • Eigene Ziele mit den Emotionen verknüpfen
- 5. • Erwartungshaltung aufbauen
- 6. • Selbstmotivation schaffen

1. Um Rapport aufzubauen, sprechen Sie über persönliche, emotionale Themen. Rapport steht für Vertrauen und eine angenehme, zwischenmenschliche Beziehung. Sie stehen quasi kurz vor einer Freundschaft – oder zumindest einer sympathischen Bekanntschaft. Ohne Rapport ist jeder Beeinflussungsversuch zwecklos. Ob Vertrauen vorhanden ist, testen Sie, indem Sie auf die Körpersprache achten und überprüfen, ob Ihr Gegenüber sie spiegelt (Ihre Köperhaltung unbewusst annimmt oder nachahmt). Mehr zu diesem Thema finden Sie im Kapitel 6.1.3 Rapport.

2. Die Werte Ihres Gegenübers zu filtern, geht relativ schnell von der Hand. Sie können es direkt beim Kennenlernen einbauen. Mehr dazu lernen Sie in Kapitel 7.7 Werte und Glaubenssätze.

Sie können beispielsweise die Frage nach den Werten etwas verpacken, in Personalgesprächen fragen Sie etwa danach, was den absoluten Traumjob ausmacht, - in der Verführung fragen Sie, was den perfekten Liebhaber ausmacht. Aber die Frage bleibt immer gleich, die Motivation dahinter ist immer dieselbe: Die Werte des anderen Menschen schnell und selektiv herauszufiltern.

Auf diesen Werten aufbauend, können Sie nun eine homogene, also auf diese Werte passende, Motivation und Erwartungshaltung aufbauen. Denn um zu bekommen, was Sie wollen, müssen Sie auch bereit sein zu geben, was andere Menschen wollen. Und oft ist das sehr wenig - sie wollen sich nämlich "nur" gut fühlen. Aus dem Denken heraus, sie machen Ihnen einen Gefallen (und das tun sie, weil Sie ihnen ebenso einen Gefallen getan haben, nämlich, ihnen gute Gefühle zu geben). Das Gesetz der Reziprozität wird Sie noch in Kapitel 5.2.4 Das Reziprozitätsprinzip begleiten.

3. Emotionen evozieren Sie ebenso wie die Werte – nur, dass Sie die Person hier etwas länger erzählen lassen. Ihr Gegenüber soll ihnen möglichst detailliert und unter Gebrauch des VAKOG Modells, das Sie später im Kapitel 6.3.2 Repräsentationssysteme kennen lernen werden, die Gefühle erzählen, die sie in wichtigen Situationen beschäftigen. Diese Emotionen sollten positiver Natur sein und in direktem Zusammenhang mit den persönlichen Werten stehen. Dadurch haben Sie die Möglichkeit, diese Gefühle weiter nutzbar zu machen.

4. Nun verknüpfen Sie nämlich Ihre persönlichen Ziele mit den Emotionen des Gegenübers. Hier bieten sich verschiedene Techniken an, die effektivste ist jene des Ankerns. Sie werden in Kapitel 6.2.4 Ankern genau erfahren, wie sie funktioniert.

5. Erwartungshaltung aufzubauen ist besonders wichtig. Nutzen Sie hier die Technik der Gesprächshypnose, um Suggestionen und Affirmationen subbewusst beim Gegenüber zu programmieren. Mehr dazu in Kapitel 6.3.5 Gesprächshypnose.

6. Um den Menschen letztendlich auch dazu zu bewegen, in Ihrem Interesse aktiv zu werden, sollten Sie die Erwartungshaltung mit einer moti-

vierenden Einstellung verknüpfen. Motivation kann intrinsisch (im Menschen verankert) oder extrinsisch (äußere Anreize wie Geld, Anerkennung, Macht, materielle Güter usw.) sein. Die Selbstmotivation ist in der Regel stärker als jene von außen. Verknüpfen Sie deshalb genau jene Werte mit der Erwartungshaltung an die Verwirklichung Ihres Zieles, die dem anderen Menschen die wichtigsten sind. Damit begründen Sie eine mächtige intrinsische Motivation. Je mehr emotionale Werte Sie mit einer Tätigkeit befriedigen können, umso besser. Kombinieren Sie Ihre Ziele nicht nur mit einem, sondern mit mindestens drei der wichtigsten emotionalen Werte Ihres Gegenübers und Sie werden erstaunt sein, wie motiviert der Mensch für Ihre Sache einstehen wird.

Mit dem Einsatz dieses einfachen 6-Phasen-Modells verknüpfen Sie also Ihre persönlichen Interessen in der Zukunft mit einem emotionalen Wert Ihres Gegenübers und schaffen gleichzeitig die motivierende Erwartungshaltung, sofort zu agieren. Behalten Sie dieses Modell stets im Hinterkopf, wenn Sie Methoden aus diesem Buch einsetzen werden und halten Sie sich an den genauen Ablauf, um eine maximale Wirkung zu erzielen.

3.2 Die 6 Stufen: Die Effektivität

Die Effektivität einer Manipulation soll an diesem sechsstufigen Modell einer Pyramide dargestellt werden. Je breiter die Pyramide - umso höher die Stufe - desto effektiver ist die Beeinflussung. Sie können dies als eine Art „Richtskala" der Kommunikationskunst umschreiben. Generell gilt die **Faustregel: Je offensichtlicher ein Manipulationsversuch, umso höher ist die Wahrscheinlichkeit, dass er misslingt.** Eine der wenigen Ausnahmen von dieser Regel ist die Werbung oder jedes andere Medium, von dem wir uns eine Manipulation *erwarten*. Das bedeutet - und ich halte Sie dazu an, diese und alle anderen Aussagen dieses Buches in der Praxis auf ihre Gültigkeit hin zu überprüfen – je eher wir mit einer Beeinflussung rechnen (sie uns vielleicht sogar herbeisehnen), umso höher ist auch die Wahrscheinlichkeit, dass sie gelingt. Sie können also aus zwei Strategien wählen, um effektiver zu kommunizieren: Entweder Sie perfektionieren die Kunst der „verdeckten Manipulation", bei der all Ihre Handlungen im besten Falle sowohl inhaltlich als auch im Prozess verborgen bleiben (ein Beispiel dafür wäre etwa die subjektive Berichterstattung der Medien über gesellschaftliche Ereignisse oder das Bildungssystem an öffentlichen Schulen), oder Sie entscheiden sich für die „offene Manipulation", bei der Ihr Publikum nicht nur damit rechnet, sondern sich vielleicht sogar darüber freut, von Ihnen beeinflusst zu werden (Beispiele hierfür wären etwa Politiker, Pressesprecher oder Schauspieler).

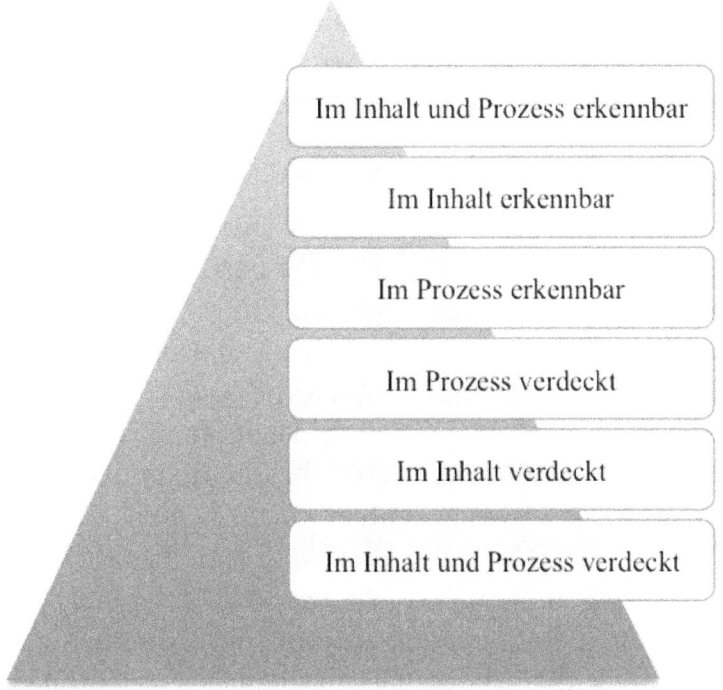

Effektivität von Beeinflussungsversuchen[19]

Hier nochmals die Stufen mit Beispielen beschrieben:

- Im Inhalt und Prozess erkennbar

---

[19] Quelle: eigene Grafik

Eine direkte, aktive (und vielleicht erwartete) Beeinflussung bei einem Verhandlungsgespräch.

Eine politische Rede eines Spitzenpolitikers.

Die Vorstellung der schwachen Quartalsergebnisse durch den Pressesprecher einer internationalen Aktiengesellschaft.

Oder ganz banal: Eine Diskussion über die Entscheidung, ob das frisch verliebte Pärchen heute Abend ausgeht oder doch lieber zu Hause bleibt.

- Im Inhalt erkennbar

Allgemein, wenn es sich um Werbung handelt, nehmen wir meist das Produkt oder die Marke und die Inhalte wahr, aber nicht, wie unsere Emotionen angesprochen werden sollen und wie diese mit der Marke verknüpft werden.

- Im Prozess erkennbar

Manchmal, vor allem in der Plakat- und TV-Werbung, vereinzelt auch im Radio zu beobachten ist jene Werbung, die ohne Hinweis auf die Marke oder das Produkt auskommt und nur eine Emotion oder Information vorbereitet. Erst einige Zeit später wird die Verknüpfung mit dem Hersteller ermöglicht, indem die Werbung inhaltlich fortgesetzt wird oder im selben grafischen Stil eine weitere Information dazukommt. Interessant ist hier anzumerken, dass die Beeinflussung oft besser funktioniert als jene, die im Inhalt erkennbar ist, obwohl wir hier genau wissen, dass wir manipuliert werden sollen. Da es aber um Werbung geht, also unsere Erwartung erfüllt wird, dass wir manipuliert werden, dies aber nicht ‚plump' geschieht, weil wir eben nicht wissen, zu welchem Zwecke wir manipuliert werden, schätzen wir den Manipulationsversuch! Als besonders populäres Beispiel hierfür gilt der Werbespot von Apple zum neuen Mac mit der Headline „Think Different". Dieser wurde für damals völlig unübliche Summen produziert – Regie führte sogar Ridley Scott – und dann zum teuersten Werbeslot des amerikanischen Fernsehens geschalten. Das Überraschende für alle Zuseher: Am Ende der Werbung wurde kein Logo eingeblendet, niemand wusste, welche Firma dafür verantwortlich war. Es war nur offensichtlich, dass hier eine deutliche Botschaft kommuniziert werden sollte. Erst Tage später lief dieselbe Werbung regulär im Fernsehen – und erst dann mit Logo. Davor wurde lange Zeit diskutiert – in Zeitungen, in der Bürokantine, am familiären Esstisch – um wen es sich wohl handeln könnte, von wem diese großartige Idee wohl stammen würde. Sie finden den Spot noch heute im Internet.

- Im Prozess verdeckt

Ganz typisch für Gesprächshypnose: Obwohl der Inhalt offen angesprochen wird, nehmen wir ihn bewusst nur teilweise wahr. Der Prozess ist zusätzlich nicht nur nicht für uns erkennbar, sondern soll es im Gegenteil zur Werbung auch gar nicht sein. Selbst wenn viele professionelle Redner abstreiten würden, dass sie stilistische Mittel der Hypnose einsetzen – die meisten exzellenten Redner tun es meist auch, ohne es zu wissen – haben diese ebensolche Wirkung beim Zuhörer.

- Im Inhalt verdeckt

Die inhaltlichen Ziele zu verbergen bedeutet meist, einen Sender oder ein spezielles Medium als „Mittelsmann", als tarnende Brücke, einzusetzen. Obwohl dies für viele nach einem Spionage-Thriller klingen mag, ist dieses Verfahren in unserer Zeit weit verbreitet. Da es größerer Ressourcen bedarf, ist es aber im professionellen Kontext meist nur im großen Stil festzumachen. Beispiele dafür sind Postkastenfirmen, die in Wirklichkeit im Interesse anderer agieren. Selbst gemeinnützige Organisationen, die nach eigenen Prinzipien arbeiten, werden in Wirklichkeit häufig von hochrangigen „Freunden" des Vorstandes beeinflusst oder sind von Spendengeldern abhängig. Ähnlich verhält es sich mit der Presse, die vielleicht eine Coverstory unter den Tisch fallen lässt, bei der sie unangenehme Tätigkeiten eines großen Konzerns aufdeckt, weil dieses Unternehmen politischen Druck über Lobbying ausübt oder überraschend einen mehrjährigen Werbeetat für die Zeitung freischaltet. Selbst dieses Szenario ist nicht sonderlich weit hergeholt, denkt man daran, dass die meisten medialen Formate nur einigen wenigen Großkonzernen unterstehen (mehr Informationen finden Sie in Kapitel 7.1.3 Gezielte Information).

Ganz banal könnte es sich aber auch um ein Szenario in Ihrem Freundeskreis handeln: Peter hat sexuelles Interesse an Sandra, die mit Maria befreundet ist. Sandra ist jedoch schlecht auf ihn zu sprechen, seitdem sie erfahren hat, dass er ein Schürzenjäger ist. Peter tut Maria einen Gefallen oder übt sozialen Druck auf sie aus und schon legt sie ein gutes Wort für ihn bei Sandra ein. Diese denkt, ihre Freundin handle wahrhaftig, um ihr etwas Gutes zu ermöglichen, in Wirklichkeit handelt diese jedoch nur nach dem Prinzip der Reziprozität oder Unlustvermeidung.

- Im Inhalt und Prozess verdeckt

Die hohe Kunst der Beeinflussung geschieht dann, wenn der Gesprächspartner die Überzeugung hat, er würde nach eigenen Zielen handeln, obwohl die Glaubenssätze, auf denen er seine Entscheidungen fußt, in Wirklichkeit von außen programmiert wurden. Extreme Beispiele hierfür wären Gehirnwäsche beim Militär, Einführungsrituale in religiöse Sekten oder der soziale Druck einer sehr bestimmenden Unternehmenskultur. Um noch mehr beim Alltag zu bleiben, ist die Programmierung von Kindern durch ihre eigenen Eltern oder das Schulsystem, also Lehrer aller Art, zu erwähnen - und dies insbesondere in einer Zeit der Unmündigkeit. Die Frage bleibt, ob die meisten Menschen diesen Zustand jemals verlassen haben? Wenn Sie sich zu jenen wenigen selbst-bestimmten Menschen zählen wollen, so setzen Sie sich am besten eingehend mit Ihren eigenen Glaubenssätzen und Werten auseinander und hinterfragen bei jedem Gedanken, jeder Entscheidung und jedem Handeln, ob Sie wirklich aus eigener Überzeugung handeln – und wenn ja, von wo diese Überzeugung überhaupt kommt.

Ein weiterer spannender Faktor zur Beeinflussung von Systemen wie Büro oder Familie liegt im kollektiven Lernen. Dies ist ein Prinzip, das von einer Sozialisation des Wissens ausgeht.

Um dieses Prinzip verstehen zu können, ist es zunächst wichtig, sich klarzumachen, wie Menschen Realität abstrahieren, um sich darin leichter zurechtfinden zu können. Wie schon weiter oben angesprochen, fließen beständig Informationen auf uns ein, die dann aufgrund bestimmter Filter nach bestimmten Stereotypen, Kategorien und Klassen einsortiert werden. Diese Filter basieren zu einem großen Teil auf unserer Erfahrung. Der einfachste und schnellste Weg für einen Menschen ist jedoch von klein auf jener der direkten Nachahmung. Somit werden auch Werte und Glaubenssätze gelernt, ohne bewusst hinterfragt zu werden. Aus diesem mentalen Modell leitet sich unser künftiges Verhalten ab. Nun lernen wir jedoch nicht nur direkt von Menschen, sondern auch von Systemen. Ein Beispiel dafür wäre die Kommunikation in einem Büro. Hierzu gibt es eine nette Metapher, die dieses Prinzip der Konditionierung eindrucksvoll klarmacht. Eine Gruppe von Wissenschaftlern steckt fünf Affen in einen großen Käfig. In dessen Mitte befindet sich eine Leiter und ganz oben auf der Leiter sind Bananen als leckere Mahlzeit platziert. Doch jedes Mal, wenn ein Affe auf die Leiter hinaufklettert, um an die Bananen zu kommen, lassen die Wissenschaftler kaltes Wasser auf die anderen Affen hinabregnen. Nach einer Weile wird ein Affe, der versucht nach oben auf die Leiter zu klettern - und noch bevor die Wissenschaftler das kalte Wasser aufdrehen - von seinen behaarten Kameraden verprügelt. Nach einiger Zeit wagt es kein einziger Affe mehr, die Leiter hinaufzuklettern, auch wenn die Versuchung noch so groß ist.

Die Wissenschaftler beschlossen sodann, einen der Affen gegen einen neuen auszutauschen. Als dieser neue Affe, der die Regeln des Spiels nicht kannte, die Leiter hinaufkletterte, wurde er augenblicklich zusammengeschlagen. Herzlich willkommen! Nach einigen erfolglosen Versuchen - und mehreren blauen Augen - lernte das neue Mitglied der Gemeinschaft, dass es nicht auf die Leiter hinaufklettern sollte; obwohl der Affe selbst gar nicht wusste, wieso! Nun wurde ein zweiter Affe gegen einen neuen ausgetauscht und dieselbe Geschichte wiederholte sich. Auch der erste ausgetauschte Affe beteiligte sich freudig an der Prügelei. Auch ein dritter Affe wurde ausgetauscht und wieder kam es zu einem handfesten Lernprozess. Der vierte Affe wurde ebenfalls ausgetauscht und wiederholt geschlagen und schlussendlich wurde auch der fünfte Affe ersetzt.

Am Ende blieb eine Gruppe von fünf Affen übrig, die, obwohl sie noch nie eine kalte Dusche spüren mussten, weiterhin Affen schlugen, die versuchten die Leiter hinaufzuklettern. Wenn es möglich wäre, die Affen zu fragen, warum sie jedes Mal den anderen zusammengeschlagen hatten, als dieser die Leiter hinaufgeklettert war, hätten sie bestimmt so etwas gesagt wie: „Ich weiß es nicht … so ist es hier nun einmal."

Bestimmt hört sich dieser Satz für Sie bekannt an. Wir alle, ob Mensch oder Affe, tun oftmals das, was wir kennen, ohne wirklich zu wissen, warum wir es tun. Die Frage ist jedoch: wie würden Sie sich verhalten, wenn Sie wüssten, dass es eine Alternative gibt?

Nun aber wieder zurück zum Prinzip des kollektiven Lernens: wie würden Sie es finden, wenn sie nicht Teil der Affengruppe wären, sondern einer der Wissenschaftler, der den Wasserhahn aufdreht? Mit dem Konzept der mentalen Modelle ist diese Metapher der Affengruppe schnell erklärt. Wir lernen durch Nachahmung selbst dann, wenn wir nicht wissen, warum das, was wir tun, richtig sein soll. Wir tun es einfach nur deshalb, weil es alle anderen auch tun und wir keine andere Möglichkeit gelernt haben oder wir zu faul sind, nach einer anderen Möglichkeit zu suchen.

Dieses Prinzips können Sie sich bedienen. Es mag zwar einige Zeit brauchen, bis Sie mehrere Menschen in Ihrem Umfeld beeinflusst haben, um Ihre persönlichen Ziele zu unterstützen. Wenn Sie jedoch dieses direkte Umfeld mit neuen Menschen in Verbindung bringen, die bereit sind, beeinflusst zu werden, so können Sie mit einer unglaublich effektiven Hebelwirkung arbeiten. Das Phänomen ist jedoch nicht neu und wird von jeder großen Firma, in jeder Schule, in jeder religiösen Gemeinschaft, in jeder Familie, ja in jedem System, an das Sie nur denken können, eingesetzt. Wenn Sie bei der strategischen Planung, die Sie in einem späteren

Kapitel kennen lernen, dieses Prinzip beherzigen, werden vor allem auf lange Frist ihre Beeinflussungsversuche dcutlich mehr Reichweite und eine höhere Erfolgsquote aufweisen.

3.3 Die 6 Intensitäten: Die Reichweite

Zuallererst unterscheiden wir bei der Intensität, also der Reichweite einer Manipulation, zwischen offener und verdeckter Beeinflussung. Die einfachste Variante der Manipulation ist jene der Einzelbeeinflussung. Dies ist immer dann der Fall, wenn sich zwei Menschen direkt gegenüberstehen. Ein Beispiel hierfür wäre das Gespräch über eine Gehaltserhöhung mit dem Chef, das Abprüfen eines Schülers durch den Lehrer oder der Streit eines Ehepaars. Die nächste Variante ist jene der Gruppenbeeinflussung. Hierbei kommuniziert ein Mensch direkt mit einer Gruppe von anderen, die er durch die Art seines Vortrages und den Inhalt beeinflusst. Ein Beispiel hierfür wäre ein Politiker bei einer öffentlichen Rede, ein Lehrer vor seiner Klasse oder ein Familienvater vor seinen Kindern. Jene Manipulation mit der größten Reichweite ist die Massenbeeinflussung. Hierbei erreicht der Manipulator besonders viele Menschen auf einen Schlag. Dies ist etwa dann der Fall, wenn der Präsident eines Landes eine Ansprache im TV hält, ein Interview in einer Zeitung abgedruckt wird oder auch, wenn ein Musiker ein Konzert spielt.

Handelt es sich um eine offene Beeinflussung, so ist die Intensität normalerweise höher (da die Möglichkeiten zur Beeinflussung mannigfaltiger sind). Je enger der Kontakt zwischen Manipulator (in der Grafik als „M" betitelt) und seinem Gegenüber („E" für Empfänger) ist, desto höher ist auch die Wahrscheinlichkeit des Manipulationsversuches. Die Schwierigkeit ist es also, auch bei einer Gruppen- oder Massenbeeinflussung eine hohe Intensität zu gewährleisten. Hierbei bedarf es meist speziell geschulten Personals, wie etwa Politikern oder Nachrichtensprechern, oder zumindest einer individuellen Schulung dieser Fähigkeiten. Nur so kann der erfolgreiche Manipulationsversuch gelingen. Eine weitere Möglichkeit ist jene der Beeinflussung über die Information an sich, beispielsweise mittels Text in einer Zeitung oder auf einem Online Portal. Dieses spezielle Sendemedium, das zwischengeschaltet wird, ist in den Grafiken mit „S" angegeben.

Der Vorteil eines offenen Beeinflussungsversuches liegt darin, dass der Manipulator jederzeit - gemäß der eigenen Fähigkeiten und des eigenen Wissens - flexibel auf sich verändernde Situationen reagieren kann. Der Nachteil ist natürlich, dass er selbst die Manipulation durchführt. Vice versa stellt dies auch die andere Seite der Medaille bei einem verdeckten Manipulationsversuch dar.

Hier bedarf es eines Mediums, das die Quelle der Beeinflussung verschleiert oder gänzlich weglässt, oder der Möglichkeit sich eines oder mehrerer Strohmänner zu bedienen. Diese V-Männer handeln nach außen hin in eigener Absicht, verfolgen jedoch in Wirklichkeit Ihre Ziele.

Beispiele für verdeckte Manipulation wären etwa bei der Einzelbeeinflussung ein Mittelsmann wie ein Bote, Mediator oder Rechtsanwalt, der die Botschaft persönlich überbringt, ein guter Freund beider Parteien oder ein Bürokollege. Zu beachten ist hierbei, dass sichergestellt werden muss, dass der Überbringer der Botschaft diese so kommuniziert, dass sie weiterhin den ursprünglichen Zielen entspricht. Entweder ist dies also ein bereits vertrauter Kontakt, er wurde besonders gebrieft oder es handelt sich schon um ein bestehendes Interesse dieser Person, das nun für die eigenen Ziele genutzt wird.

Dieses Phänomen ist besonders gut für die Gruppen- und Massenbeeinflussung geeignet. Der Manipulator kann sich hierbei (bei einer verdeckten Beeinflussung) einen Multiplikatoreffekt sichern. So könnte man sich bestehender Interessensgemeinschaften, wie etwa themenspezifische Vereine oder Clubs, bedienen.

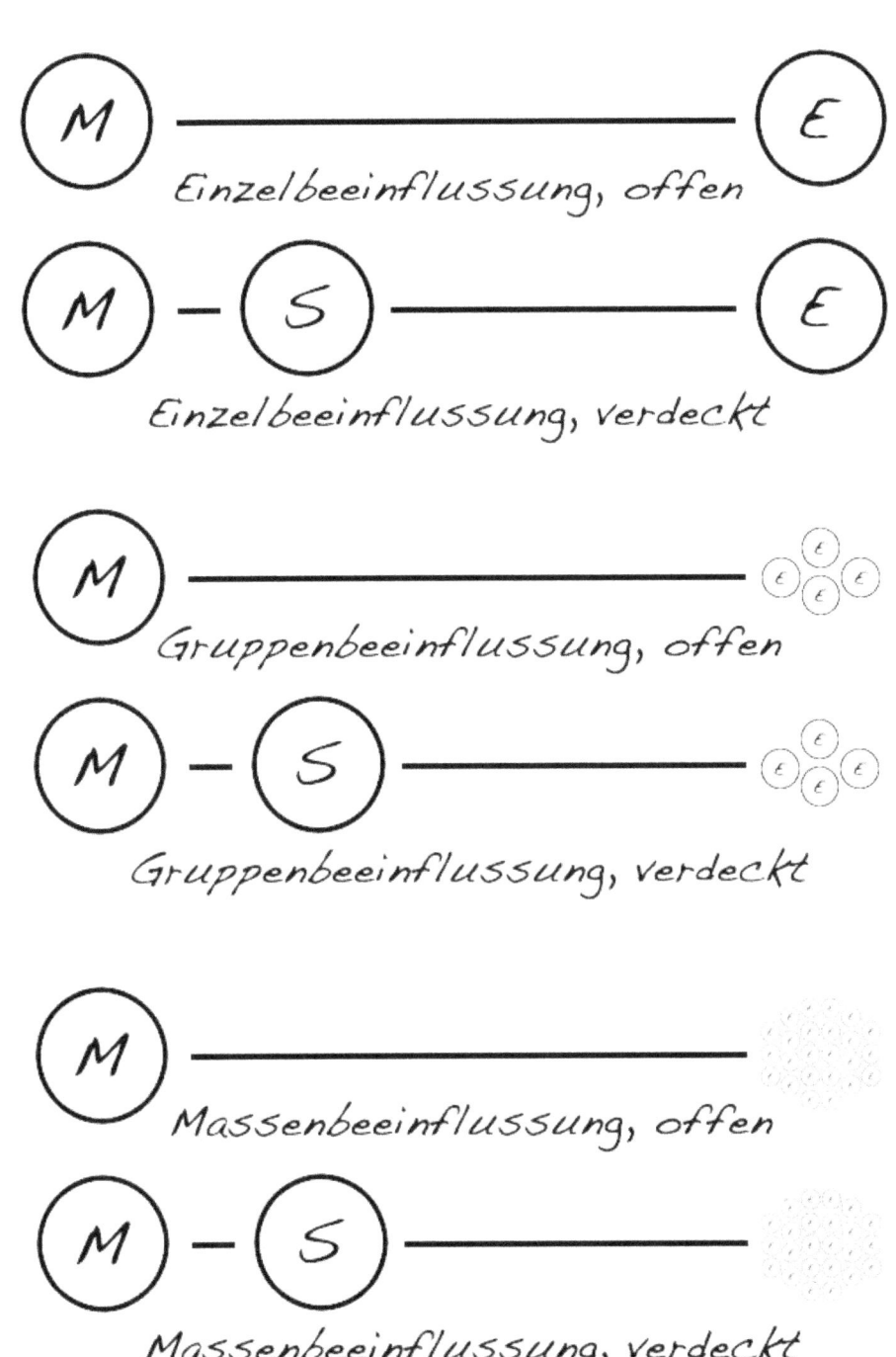

Reichweiten der Manipulation[20]

Im Idealfall verfolgen diese exakt dieselben Ziele und der Manipulator beginnt auf den Vorstand oder wichtige Mitglieder einzuwirken. Dies könnten finanzielle Zuwendungen sein, eine verdeckte Mitgliedschaft oder die Kommunikation mit einflussreichen Persönlichkeiten dieser Bewegung über Mittelsmänner. Noch raffinierter ist die verdeckte Massenbeeinflussung, etwa durch das Verschleiern von Quellen oder Verändern von relevanter Information in Berichterstattungen. Dies erfordert jedoch meistens gehobene finanzielle Mittel, da Medien ihre Information meistens direkt von Fachexperten beziehen.

Will der Manipulator nicht offiziell als Experte auf diesem Gebiet gelten, so muss er bestehende Institute fördern, die seinen Zielen dienen, oder einen eigenen Verband gründen, den er nicht offiziell selbst steuert.

Somit sind die häufigsten Varianten der bewussten Manipulation im Alltag jene der offenen Einzel- und Gruppenbeeinflussung sowie jene der verdeckten Einzel- und Gruppenbeeinflussung. Dies liegt jedoch zumeist daran, dass es den meisten Menschen an Mitteln, Fähigkeiten und Kontakten mangelt, um eine Massenbeeinflussung zu erreichen. Eine Nebenbemerkung am Rande: Aus diesem Grund entstehen übrigens meistens Interessensgemeinschaften, insbesondere in einer Demokratie. Menschen mit gemeinsamen Werten und Glaubenssätzen treffen sich, um im Kollektiv ihre Ziele besser durchsetzen zu können. Dieses demokratische Grundprinzip ist gleichzeitig die Basis einer erfolgreichen Massenbeeinflussung. Rein theoretisch ist dies auch eine grandiose Idee. Denn solange genug Menschen unterschiedlichster Interessen sich aktiv einbringen, umso mehr Gleichgewicht herrscht. In der Realität ist es jedoch so, dass wichtige gesellschaftspolitische, familiäre und wirtschaftliche Entscheidungen meistens nur von einigen wenigen getroffen werden. Dies findet häufig auch unter Ausschluss der Öffentlichkeit statt und von nicht demokratisch gewählten Vertretern. Erneut kommt das Profitdenken zum Tragen.

Die „Theorie des sozialen Vergleichs" von Leo Festinger belegt zudem, dass jeder Mensch Informationen über sich selbst gewinnt, indem er sich mit einem Umfeld vergleicht – und, dass wir dies andauernd tun. Je mehr (näher und öfter) wir also einem Einfluss ausgesetzt sind, umso unweigerlicher werden wir diesen also als „Richtmaß der Realität" zu Rate ziehen.

3.4 Zusammenfassung

In diesem Kapitel wurde das 6-6-6-Prinzip vorgestellt. Es handelt sich dabei um die 6 Phasen eines erfolgreichen Manipulationsversuches, also die Phasen (den Ablauf), weiters um die Stufen (Effektivität) einer Beeinflussung und schlussendlich um die Intensität (Reichweite). Die Anfangsbuchstaben führen zum leichteren Merken zur Abkürzung P-S-I.

Eine Beeinflussung wird immer nach einem ähnlichen Muster in 6 Phasen aufgebaut: Zuerst wird Sympathie oder zumindest Verständnis zum anderen hergestellt (Rapport), dann werden gemeinsame Werte und Ziele gesucht oder die wichtigsten Werte des anderen gefiltert, starke Emotionen geweckt und mit diesen Werten und den eigenen Zielen verknüpft. Nun wird eine Erwartungshaltung aufgebaut, um intensive Motivation zu begründen. Das Ziel der Beeinflussung ist dabei immer, dass der Manipulierte nun aus eigener Kraft und Überzeugung heraus die Ziele des Manipulators verfolgt.

Anhand der vorgestellten Richtskala, den 6 Stufen der Effektivität, wurden 2 Faustregeln aufgezeigt:
- Je offensichtlicher ein Manipulationsversuch, umso höher ist die Wahrscheinlichkeit, dass er misslingt.
- Je eher wir mit einer Beeinflussung rechnen, umso höher ist auch die Wahrscheinlichkeit, dass sie gelingt.

Wir haben unterschieden zwischen Inhalt und Prozess und dabei festgestellt, dass es sehr einfach ist, im Inhalt und Prozess erkennbar (offen) zu manipulieren, wohingegen es relativ schwierig ist, im Inhalt und Prozess verdeckt zu kommunizieren.

Dieser Gedanke wurde mit den 6 Intensitäten fortgeführt, indem gezeigt wurde, wie sowohl offen als auch verdeckt kommuniziert werden kann. Der Vorteil der offenen Beeinflussung liegt in der Flexibilität des Manipulators, sich auf das Gegenüber sofort einzustellen. Der Vorteil der verdeckten Manipulation ist häufig, dass direkter mit Emotionen gearbeitet werden kann, falls es sich beispielsweise negativ auswirken würde, wenn der Manipulator direkt kommuniziert.

Fügen wir jeweils die Anfangsbuchstaben der 3 Prinzipien mit ihren 6 Unterkategorien zusammen, so erhalten wir, um es uns besser merken zu können, das 6-6-6 oder P-S-I (für Phasen-Stufen-Intensitäten) Prinzip. Behalten Sie dieses immer im Hinterkopf, wenn sie mit einem anderen Menschen kommunizieren. Die Phasen stehen für den Ablauf, die Stufen für die Effektivität und die Intensität für die Reichweite der Manipulation.

KAPITEL 4: KOMMUNIKATION

Mit dem folgenden Kapitel soll eine Übersicht über die wichtigsten Grundlagenmodelle der Kommunikation geboten werden. Diese entstammen der Soziologie, Psychologie und Psychotherapie. Sie sind jeweils im Kontext der Beeinflussung zu verstehen und bieten eine gute theoretische Basis für die folgenden Kapitel.

4.1 Das Vier-Ohren-Modell

Die vier Seiten einer Nachricht basieren auf der von Schulz von Thun formulierten Erkenntnis, dass Kommunikation auch für die Beziehungen zwischen Menschen steht. Er zeigt dabei auf, dass derselbe Inhalt abhängig vom Prozess unterschiedliche Botschaften portieren kann. Je nachdem, wie eine Aussage überliefert wird, kann diese anders vom Empfänger der Botschaft aufgefasst werden als sie vom Sender abgeschickt wurde. Dies führt häufig zu Missverständnissen in der Alltagskommunikation.

Wir sprechen immer dann von guter Kommunikation, wenn die Botschaft so beim Empfänger ankommt, wie sie vom Sender gemeint war. Watzlawick betonte, dass jede Aussage sowohl einen Inhaltsaspekt als auch einen Beziehungsaspekt aufweise. Karl Bühler, ein Sprachtheoretiker, begründete wiederum ein Modell, das drei semantische Funktionen aufweist: Ausdruck, Appell und Darstellung. Diese beiden Modelle wurden von Friedemann Schulz von Thun kombiniert.

Das Ergebnis sehen Sie in der folgenden Grafik: die vier Seiten einer Nachricht.

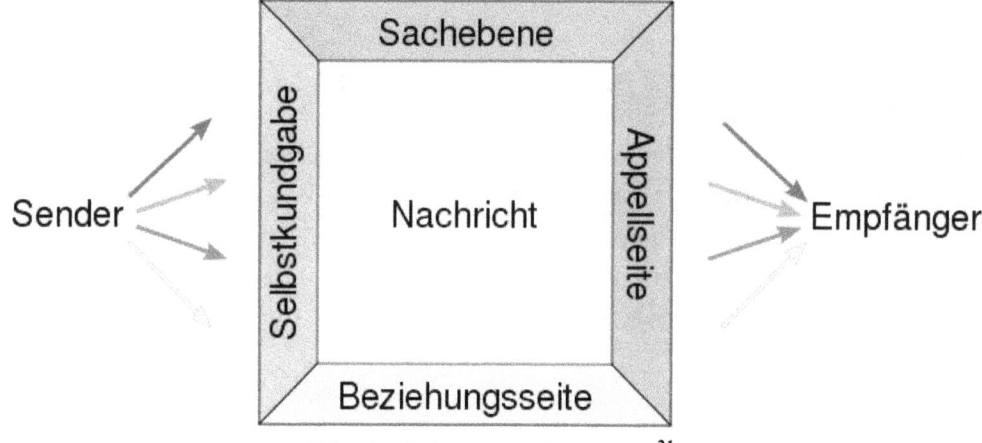

Die vier Seiten einer Nachricht[21]

Dieses Modell besteht darin, der Botschaft eine der vier Seiten zuzuordnen. Aussagen können aus unterschiedlichem Fokus heraus getroffen werden und unter unterschiedlichen Annahmen interpretiert werden.

1. Sachebene: worüber informiert wird
2. Selbstkundgabe: auch bekannt als Selbstoffenbarung, was der Sprecher über sich selbst aussagt
3. Beziehungsseite: wie sich die Beziehung zwischen Sprecher und Empfänger gestaltet
4. Appellseite: wozu der Empfänger veranlasst werden soll

Auf der Sachebene werden vor allem Fakten und Inhalte übermittelt. Hier wird die Nachricht auch auf Wahrheitsgehalt, Relevanz und Hinlänglichkeit überprüft. Mit der Selbstoffenbarung werden bewusst oder unbewusst eigene Gefühle ausgedrückt. Mehr dazu im nächsten Unterkapitel 4.2 Johari - Fenster. Die Beziehungsebene enthält Informationen darüber, wie Sender und Empfänger zueinander stehen und wie sie sich einschätzen. Die Appellebene steht für die Motivation der Botschaft und

---

[21] Quelle: Friedemann Schulz von Thun: Miteinander reden: Störungen und Klärungen. Psychologie der zwischenmenschlichen Kommunikation. Rowohlt, Reinbek 1981.

zeigt auf, welches Ziel der Sender mit seiner Nachricht verfolgt, aber auch, was vom Empfänger gewünscht wird.

4.2 Johari-Fenster

Das Johari-Fenster von Joseph Luft und Harry Ingham ist angelehnt an die Idee des Eisbergmodells, wobei ein großer Teil der Kommunikation unbewusst und verborgen bleibt. Ein gutes Beispiel hierfür wäre etwa die nonverbale Kommunikation. Sie beeinflusst zwar unsere ständige Kommunikation, die wahre Bedeutung bleibt jedoch den meisten Menschen bewusst verborgen.

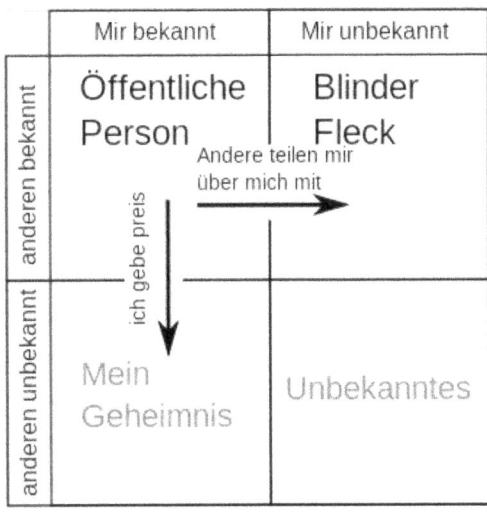

Johari-Fenster[22]

Mit diesem Modell werden unterschiedliche Seiten der Persönlichkeit beleuchtet, je nachdem ob diese anderen bekannt oder unbekannt sind und ob diese der Person selbst bekannt oder unbekannt sind. So mag es

---

[22] Quelle: Luft, J. & Ingham, H. (1955). The Johari Window, a graphic model for interpersonal relations. Western Training Laboratory in Group Development, August 1955; University of California at Los Angeles, Extension Office.

Aspekte geben, die einem selbst bekannt sind, die jedoch kein anderer kennt. Oder die eigene Selbstwahrnehmung ist nicht reflektiert genug, um beispielsweise Fehler der eigenen Person zu erkennen, obwohl diese von anderen Personen leicht wahrzunehmen sind. Dies wird als blinder Fleck bezeichnet. Je nachdem, ob eine Manipulation verdeckt oder offen passiert, persönlich oder indirekt, wird diese auch einem anderen Teilbereich der Fenster zugeordnet. Besonders interessant ist hierbei der Aspekt des blinden Fleckes. Dieser kann dazu genutzt werden, die verdeckten Stärken und Schwächen anderer Menschen zu nutzen. Umso wichtiger ist es jedoch auch, sich seiner eigenen Verfehlungen bewusst zu sein und den Bereich des blinden Flecks so klein wie möglich zu halten.

4.3 Ich-Zustands-Modell

Das aus der Transaktionsanalyse bekannte „Ich-Zustands-Modell" wurde von dem Psychoanalytiker Eric Berne entwickelt. Es zeichnet sich durch seinen simplen, pragmatischen Ansatz aus. Im Modell existieren drei Ich-Zustände, die sich je nach Lebensphase entwickeln. Ausgeglichene Menschen verteilen ihre Energie auf alle Zustände, unausgewogene können sich im Extremfall nur auf einen Zustand fokussieren. Unterschieden wird dabei zwischen Eltern-Ich, Kind-Ich und Erwachsenen-Ich.

Aus diesen drei Zuständen leiten sich Verflechtungen ab, die zu Wertungen über das eigene Selbst oder den Charakter anderer Menschen verführen. Die meisten Menschen lassen diesen unbewussten Entscheidungsprozess unreflektiert geschehen und bilden sich eine vorgefasste Meinung innerhalb kürzester Zeit[23]:

- Ich bin nicht o.k. & du bist nicht o.k. (Kind-Ich)
- Ich bin nicht o.k. & du bist o.k. (Kind-Ich)
- Ich bin o.k. & du bist nicht o.k. (Eltern-Ich)
- Ich bin o.k. & du bist o.k. (Erwachsenen-Ich)

---

[23] Auch bekannt als der „Primacy Effekt".

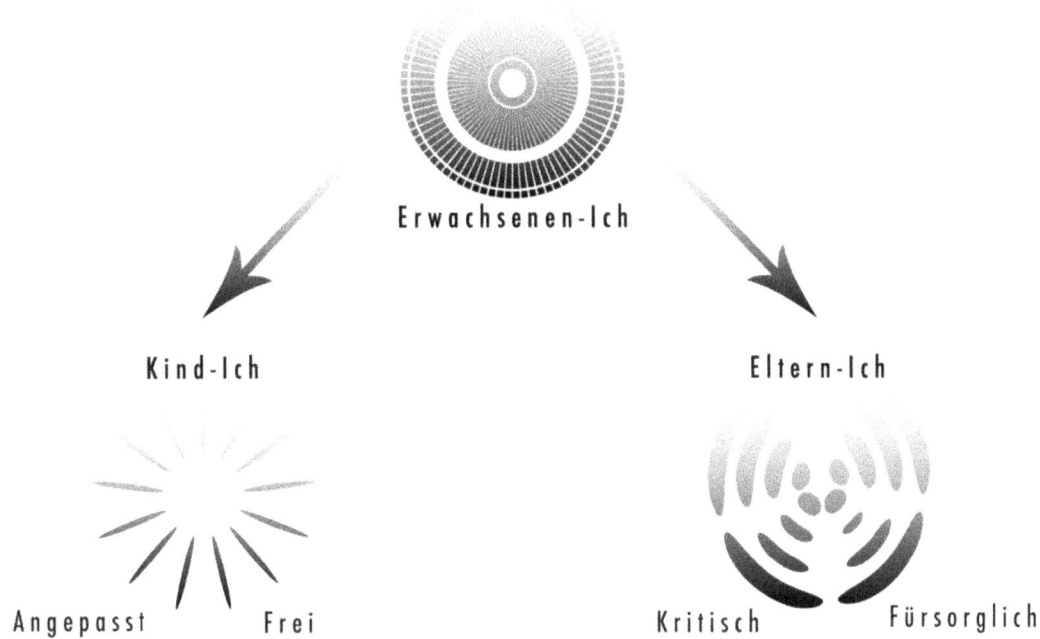

Das Ich-Zustands-Modell[24]

Je nachdem, mit welchem Charakter Sie es zu tun haben, ist eine unterschiedliche Herangehensweise empfehlenswert. Mit einem Kind-Ich gehen Sie besser fürsorglich und nachsichtig um, setzen aber auch klare Grenzen und stellen leicht verständliche Regeln auf. Regelbruch wird bestraft. Mit dem Eltern-Ich gehen Sie dankbar um, machen Komplimente und agieren wertschätzend. Gehen Sie ruhig in eine angemessen devote Rolle - somit sichern Sie sich auch die volle Unterstützung. Mit dem Erwachsenen-Ich kommunizieren Sie auf möglichst gleicher Augenhöhe und lassen einen Austausch auf allen Ebenen zu, um ein Gleichgewicht in der Transaktionsbeziehung aufrecht zu erhalten. Es ist somit auch die Mitte zwischen Kind-Ich und Eltern-Ich.

---

[24] Quelle: eigene Grafik

4.4 Das Drama-Dreieck und die Drama-Dynamik

Das Dramadreieck[xvi] zeigt die grundlegenden Verhaltensmuster menschlicher Aktionen und Reaktionen. Es ist sehr hilfreich bei der Analyse der Oberflächenstruktur von zwischenmenschlichen Beziehungen und häufig nehmen Menschen immer wieder eine ganz bestimmte Position ein, unabhängig von Situation oder Kommunikationspartner.

Es beschreibt die Beziehungsmuster zwischen mindestens zwei Personen, die darin folgende drei Rollen einnehmen:

- Opfer
- Täter
- Retter

Opfer haben eine vermeintlich „schwache" Position, doch sie können Ihre Verantwortung abgeben und ohne Reue leben. Zudem wird diese Rolle aktiv übernommen, indem sie sich machtlos erlebt und den anderen beiden Rollen Macht überantwortet. Deshalb übt sie gerade auf den Retter auch eine magische Anziehungskraft aus[xvii].

Retter übernehmen oft ungefragt die Verantwortung für das Problem der Opfer und arbeiten häufig ohne echten „Auftrag". Manchmal natürlich leisten Sie sinnvolle und gute Arbeit, weshalb sie von vielen auch als die „gute" Position wahrgenommen werden.

Täter sind häufig die „Mächtigen" und zeigen ihre starke Seite. Oftmals erkennen sie, wie auch der Retter, das Problem der Opfer, setzen ihre „Rat-Schläge" aber mit Konsequenz und Härte durch und sind weniger empathisch und sanft.

Die Rollen sind jedoch nicht fix festgelegt und können variieren. So ließe sich etwa US-Präsident Bush's Irak-Strategie analysieren. Er trat zuerst als Retter des irakischen Volkes auf, das vom Täter Saddam Hussein verfolgt wurde. Doch aufständische Volksgruppen waren bemüht, der

Befreiung entgegenzuwirken (neue Täter, die Amerikaner waren die neuen Opfer). Nachdem er als womöglich schlechtester US-Präsident aller Zeiten abgetreten war, präsentierte er sich jedoch als Retter, da er nur mit besten Vorsätzen gehandelt hatte und profilierte sich zum Teil als Opfer der Medien. Sie erkennen schon, wie schnell die Position innerhalb des Drama Dreiecks wechseln kann!

Es zeigt Ihnen im besten Fall Ihre eigenen, unbewussten Strategien auf, nach denen Sie in Momenten handeln, in denen Sie unter Stress oder Anspannung stehen. Reflektieren Sie diese Position und beurteilen Sie aus einer Meta-Ebene, ob diese Rolle für Ihre Zwecke auch wirklich zielführend ist. Im Kapitel 8.3 Fragebogen des Meta-Programm-Profils werden Sie übrigens Ihre eigene Rollen-Position erheben.

4.5 Situative Reifegradtheorie

Diese Theorie ist ein sehr praktikabler Weg, Menschen oberflächlich zu beurteilen und die eigene Vorgehensweise dementsprechend anzupassen. Sie kommt ursprünglich aus der Management-Wissenschaft und wurde von Hersey und Blanchard[xviii] begründet. Diese machen die Art des passenden Führungsstils vom Reifegrad des Mitarbeiters abhängig. Dieser Reifegrad wird aber nicht als feststehend angesehen, sondern ist stets vom Kontext und der Arbeitsaufgabe abhängig. Hersey und Blanchard unterscheiden dabei zwischen drei aufgabenrelevanten Faktoren:

- die Fähigkeit, hohe, aber erreichbare Ziele zu setzen
- die Fähigkeit und Bereitschaft, Verantwortung zu übernehmen
- die notwendige Ausbildung und Erfahrung

Der Reifegrad eines Menschen wird in dem Modell 4 Reifegradstufen zugeordnet.

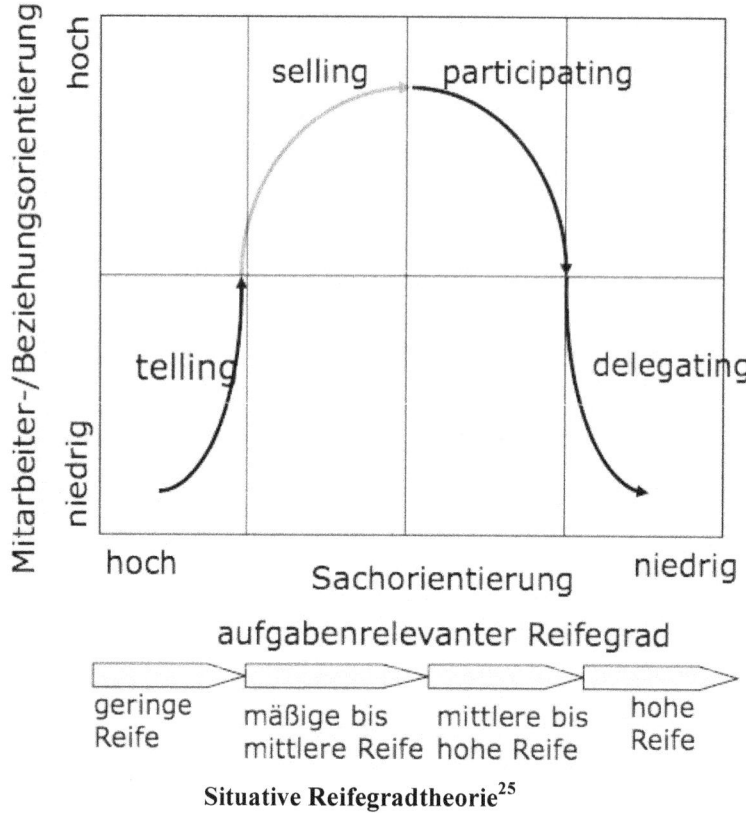

Situative Reifegradtheorie[25]

- M1: geringe Reife
Motivation, Wissen und Fähigkeiten fehlen
- M2: Geringere bis mäßige Reife
Motivation, aber fehlende Fähigkeiten
- M3: mäßige bis hohe Reife
Fähigkeiten, aber fehlende Motivation
- M4: hohe Reife
Motivation, Wissen und Fähigkeiten vorhanden

Basierend darauf unterscheiden Hersey und Blanchard zwischen vier passenden Führungsstilen[xix]:

---

[25] Quelle: Hersey/Blanchard 1977

- Unterweisung (telling):

Die Führungskraft gibt klare Angaben und sagt, was, wie, wann und wo zu tun ist.

- Verkaufen (selling):

Der Vorgesetzte versucht mit den Mitarbeitern zu sprechen und bietet kognitive Argumente beziehungsweise emotionale Unterstützung, um die Akzeptanz der Aufgabe zu erreichen.

- Partizipation (participating):

Die Führungskraft und die Mitarbeiter entscheiden zusammen. Es wird nur noch eine emotionale Hilfestellung erwartet.

- Delegation (delegating):

Der Vorgesetzte führt nur von Zeit zu Zeit Kontrollen durch und hat ein empowertes Team unter sich, das die Aufgaben proaktiv und selbstständig erledigt.

4.6 Zusammenfassung

Die hier vorgestellten fünf grundlegenden Modelle der angewandten Psychologie wurden ausgewählt, um Ihre Wahrnehmung für den Prozess der Kommunikation zu schärfen und den Fokus vom Inhalt wegzuführen. Die Informationen, die auf dieser Ebene vermittelt werden, sind oftmals unspezifisch und sehr subjektiv belagert. Deshalb macht es zu Beginn mehr Sinn, sich auf jene Modelle zu konzentrieren, die Ihnen den größten Nutzengewinn bei geringstem Aufwand bieten. Im nächsten Kapitel erfahren Sie einige inhaltliche Methoden der Beeinflussung, die Sie als Grundlage und Vorbereitung für die direkte Gesprächsführung einsetzen können.

KAPITEL 5: GESPRÄCHSFÜHRUNG

In diesem Kapitel werden die Grundlagen der Kommunikation als Basis für die zielorientierte, also effektive, Gesprächsführung genutzt. Kommunikation bezieht sich auf den Austausch von Informationen und ist dann "gut", wenn beim Empfänger der Botschaft die Information so ankommt, wie der "Sender" sie ursprünglich gemeint hat.

Kommunikation ist dann "effektiv", wenn sie zielorientiert eingesetzt wird und mit möglichst geringem Aufwand maximale Ergebnisse erreicht werden. Der Ablauf eines jeden Gesprächs, das zielorientiert ist, weist demzufolge auch ein System auf, das die Effektivität erhöht. Dies ist natürlich immer auch in Relation zum Kommunikationspartner zu sehen, doch das zu Grunde liegende Muster bleibt gleich.

Dieses Kapitel behandelt folglich jene *inhaltlichen* Methoden, die einen maximalen Output ermöglichen. Dazu zählen die Vorbereitung der Gesprächsziele, Strategie und Taktik eines Gespräches und die Steuerungsmechanismen in (Kommunikations-) Beziehungen.

5.1 Zielsetzung

Sowohl bei einem Einzelgespräch als auch bei einem Vortrag vor Gruppen ist die Vorbereitung auf das Gespräch essentielles Kriterium für den Erfolg der Zielerreichung. Je mehr Zeit Sie darauf verwenden, umso erfolgreicher werden Sie sein. Natürlich können nicht alle Eventualitäten vorbereitet werden, doch als Daumenregel gilt:

Vorbereitungszeit = Sprechzeit

Orientieren Sie sich an den folgenden Fragestellungen, um Ihren Vortrag oder Ihr Gespräch auf die jeweilige Zielgruppe abzustimmen. Zielgruppe meint dabei jene Person/en, die Sie ansprechen wollen: es kann sich um ein Publikum bei der Rede eines Politikers handeln, den Chef beim Gespräch zur neuen Gehaltsverhandlung oder die Leser eines Print-Magazines, die Ihre Werbung sehen werden. Verschaffen Sie sich nun vorerst einen Überblick über die Kernthematik, bevor Sie die einzelnen Themen in späteren Kapiteln vertiefen. Zuerst werden Fragen in Bezug auf Ihre Zielgruppe definiert, danach in Bezug auf die Kommunikation Ihrer Botschaft.

Wer ist meine Zielgruppe?
Definieren Sie zu Beginn Ihrer Vorbereitung, zu wem Sie eigentlich sprechen werden. Dazu zählen demographische Merkmale wie Beruf, Alter, Geschlecht, Ausbildung, Gruppenstatus usw., aber auch individuelle Eigenschaften, - im Einzelgespräch etwa das Meta-Programm-Profil, das Sie in einem späteren Kapitel kennen lernen werden.

Was ist die emotionale Kernmotivation meiner Zielgruppe?
Einen besonders wichtigen Punkt stellt diese Frage dar: Wir alle werden von bestimmten Trieben und Bedürfnissen gesteuert, manche davon sind uns bewusst, viele aber auch nicht. Beispiele für typische Kernmotivationen sind:
- Soziale Anerkennung
- Sexualität
- Angst vor ... dem Tod / Versagen / Verlust usw.
- Gefühl der Zugehörigkeit

Die Kernmotivation steht meist in engem Zusammenhang mit den vier neuronalen Grundbedürfnissen, die weiter unten angesprochen werden. Wenn Sie eine spezielle Motivation, beziehungsweise ein neuronales Grundbedürfnis festmachen können, fokussieren Sie sich auf diesen Aspekt, um vor allem Ihre Kernbotschaft damit zu assoziieren.

Sprechen Sie entweder besonders stark in uns verwurzelte Emotionen an, um jeden in der Zielgruppe zu erreichen, oder eine ganz bestimmte, individuelle Motivation Ihres Gegenübers. Um herauszufinden, welche Kernmotivation Ihre Zielgruppe ausmacht, können Sie am Modell der neurologischen Ebenen ansetzen und sich über die Identität, weiter von den Glaubenssätzen bis zu den Werten vorarbeiten. Diese tiefer gehende Thematik erlernen Sie ebenso in einem späteren Kapitel.

Was will meine Zielgruppe?

Abgesehen von der emotionalen Kernmotivation gibt es einen bewussten Beweggrund, weshalb sich Ihr Gegenüber entschieden hat, mit Ihnen in Kontakt zu treten. Sei es nun ein Gespräch, das unmittelbar zwischen zwei Personen stattfindet, oder das Inkaufnehmen von Werbung während einer Fernsehsendung.

Kennen Sie drei möglichst universelle Beispiel-Ziele?

Um Ihre Zielgruppe bestmöglich zu erreichen - im Fachterminus "abholen" genannt - überlegen Sie sich mindestens zwei, maximal vier Beispiel-Ziele, die Ihr Gegenüber hat, wenn Sie kommunizieren. Benennen Sie diese Ziele und bauen Sie sie, wenn möglich, inhaltlich in Ihre Botschaft ein. Natürlich eignen sich Vorträge oder Einzelgespräche besonders für diesen Punkt, da Sie genug Zeit haben, um Ihren Inhalt zu kommunizieren. In der Werbung beschränkt sich ein Beispiel-Ziel häufig auf eine direkt mit der Kernmotivation in Verbindung stehende Tätigkeit, auch wenn dies nur unbewusst kommuniziert wird.

Was sind die allgemeinen Glaubenssätze und Werte meiner Zielgruppe?

Wie schon weiter oben erwähnt, steht dieser Punkt ebenso in Zusammenhang mit den neurologischen Ebenen, wird hier aber noch detaillierter hervorgehoben als die Kernmotivation. Welche Affirmationen sagt sich Ihr Gesprächspartner wohl, wenn er im inneren Dialog mit sich steht? Welche emotionalen Werte sind ihm besonders wichtig (bei diesem Thema)? Sie dürfen ebenso ganze Sätze aufschreiben wie Stichworte - behalten Sie aber auf jeden Fall die Grundmotivation Ihres Gegenübers im Hinterkopf.

Wie viel weiß meine Zielgruppe über das Thema?

Wenn Sie ein Gespräch führen, ist die Frage nach der Thematik bedeutender, als wenn Sie zu einem großen Publikum sprechen. Ersteres involviert einen mehr individuellen Zugang, das Zweite eher ein "Gießkannenprinzip". So können Sie entweder direkt an vorhandenem Wissen anknüpfen oder die Absenz von nicht vorhandener Information zu Ihrem Vorteil nutzen. Andererseits ist es sinnvoller, eine Schnittmenge der angenommenen Vorkenntnisse als Basis zu nehmen, um möglichst viele Menschen in der Zielgruppe zu erreichen. Sobald Sie es jedoch mit einem größeren Publikum zu tun haben (je nach Schulung in Kommunikationstechniken über 10 bis 20 Personen), werden Sie davon ausgehen müssen, den einen oder anderen zu verlieren, sprich diese Person nicht korrekt abzuholen, weil Sie nicht die korrekte Kernmotivation ansprechen, beziehungsweise die von Ihnen vermittelten Glaubenssätze und Werte nicht in das Weltbild dieses Menschen passen, was zu einer möglichen Abgrenzung führt. Eine effektive Technik, die Ressourcen vorausgesetzt, um diesem Phänomen vorzubeugen, ist, dieselbe Botschaft durch unterschiedlichste Kanäle zu vermitteln. So ist es etwa denkbar, dass eine politische oder eine Werbe-Kampagne, obwohl sie dieselbe Aussage hat, je nach Medium anders kommuniziert wird: Zielgruppenspezifisch (auch als "target marketing" bekannt), je nachdem, ob es sich um einen Pensionisten handelt, der nachmittags vor dem TV sitzt, oder um eine pubertierende Vierzehnjährige, die eine Anzeige in der Bravo liest. Je mehr Medien zielgruppenspezifisch abgedeckt werden, umso höher ist die Erfolgsquote.

Wie nimmt die Zielgruppe meine Ziele für die Kommunikation wahr?

Natürlich kennen Sie den Grund, wieso Sie das Gespräch führen oder die Botschaft senden. Aber kennt Ihre Zielgruppe diese Motivation ebenso? Oder noch genauer gefragt: Welche Ziele sollen Ihnen unterstellt werden, wenn man Ihnen zuhört?

Bleiben Sie gerade bei diesem Aspekt realistisch, kritisch und vor allem subtil. Es bringt nichts, Ihre Motivation hundert Mal an die große Glocke zu hängen, vor allem, wenn Sie keine Beispiele bringen, die zeigen, wie Sie dies in Ihrem eigenen Leben umgesetzt haben.

Wie befriedigt mein Vortrag die neuronalen Grundbedürfnisse?
In uns tief verankert finden sich vier neuronale Bedürfnisse, die wir stets befriedigt wissen wollen. Die Bedürfnispyramide nach Maslow (vgl. Kapitel 7.7.1 Bedürfnispyramide nach Maslow) zielte bereits in die richtige Richtung, doch dank moderner Hirnforschung kennen wir heute die echten biochemischen Grundbedürfnisse.

Die vier neuronalen Grundbedürfnisse sind:
- Bindung
- Orientierung/Kontrolle
- Selbstwerterhöhung oder Selbstwertschutz
- Lustgewinn oder Unlustvermeidung

Soziale Bindung beschreibt das Beziehungsverhältnis, in dem wir zueinander stehen. Nur die wenigsten Menschen sind wahre „einsame Wölfe". Zielen Sie also ruhig auf den Wunsch Ihres Gesprächspartners ab, ein intaktes Beziehungsverhältnis aufrechtzuerhalten. Alles andere wäre doch auch „unhöflich", nicht wahr?

Fast jeder Mensch sucht eine klare Orientierung für sein Leben. Schon von Kindesbeinen an werden wir darauf getrimmt, uns an äußeren Gegebenheiten, Regeln und Bestimmungen zu messen und daran auszurichten. Ob die vorgegebenen Ziele aber wirklich gut für uns sind, wird selten hinterfragt. Denken Sie nur an typische Beispiele der Gehirnwäsche: etwa beim Militär, bei religiösen Sekten oder ganz banal in unserem Schulsystem. Zeitgleich steht Orientierung immer auch für Kontrolle. Sobald wir uns an anderen, äußeren Idealen ausrichten, unterwerfen wir uns auch deren Bestimmung und sind richtbar, können bewertet werden oder tun dies selbst. Es ist also nur „natürlich", dass wir ein gewisses Maß an Kontrolle erwarten.

Der menschliche Selbstwert ist einer der größten Ansatzpunkte für gezielte Beeinflussung. Kombinieren wir etwa eine gewisse moralische Orientierung mit dem Selbstwert, können wir Menschen zu außerordentlichen Taten bewegen. Ein Beispiel hierfür wäre die religiöse Orientierung des Selbstmordattentäters. Um seinen Selbstwert zu erhöhen und die soziale Bindung seiner Familie zu stärken, ist es ihm gemäß der Kontrolle von oben möglich, durch eine ganz bestimmte Handlung ein ganz bestimmtes Ziel zu erreichen.

Spielt nun noch der Lustgewinn oder die Vermeidung von Schmerzen eine Rolle, werden durch Kombination dieser vier Grundbedürfnisse alle neuronalen Schalter aktiviert, die uns zu einer Handlung motivieren. Wenn Sie sich nur kurz und knapp auf ein Gespräch vorbereiten können, dann legen Sie also auf diese neuronalen Grundbedürfnisse den Hauptfokus Ihrer Vorbereitungszeit. Selbst wenn die Ziele inhaltlich unklar formuliert sein sollten, werden Sie Ihr Gegenüber besser überzeugen können, wenn Sie alle seine neuronalen Bedürfnisse ansprechen und mit Ihrer Vorgabe verknüpfen.

Was ist mein shortrun Ziel?
Werden Sie sich auch klar darüber, was das konkrete inhaltliche Thema Ihres Gespräches oder Vortrages sein soll. Dies definiere ich als das "shortrun Ziel", es ist demnach taktischer Natur und eher flexibel im Vergleich zum langfristigen "longtail Ziel". Sie sind hierbei bemüht, die grundlegenden Bedürfnisse des Gesprächspartners oder Ihres Publikums zu befriedigen. Ein Beispiel hierfür wäre ein Politiker in einem Fernseh-Interview: Er wird zum aktuellen Sachverhalt Stellung beziehen und die kritischen Fragen beantworten, um die er nicht herumkommt. Dafür wird er aber auch immer auf die strategische (also langfristige) Absicht verweisen, also welchem höheren Zweck sein Handeln dient.

Was ist mein longtail Ziel?

Sie legen damit eine strategische Variante Ihrer Beeinflussung fest. Rufen Sie sich dieses langfristige Ziel stets in Erinnerung, auch wenn Sie nur ein kurzes Gespräch planen. Jedes - auch noch so kurze – Mitarbeitergespräch dient einer Führungskraft zur erfolgreichen Umsetzung der mittel- bis langfristigen Ziele. Auch wenn es sich nur um Small Talk am WC handelt. Unterschätzen Sie niemals die Macht von „beiläufigen" Unterhaltungen. Hier können oftmals die effektivsten Beeinflussungen vorgenommen werden, weil das Gegenüber nicht damit rechnet. Seien Sie im Umkehrschluss auch stets selbst auf der Hut vor externer Manipulation.

Was ist mein persönliches Motiv?

Sie werden von Ihrem Gesprächspartner oder Publikum auf eine bestimmte Art und Weise wahrgenommen werden. Sie lernen hier, wie Sie diese Wirkung beeinflussen, also werden Sie sich vorher auch klar darüber, wie Sie am Ende ankommen wollen. Achten Sie darauf, kongruent mit Ihren persönlichen Motiven und den strategischen Zielen zu wirken!

Wie kann ich meine emotionale Bindung zu dem Thema bestmöglich kommunizieren?

Bestimmt gibt es für Sie einen guten Grund, eine so detaillierte Planung zu gestalten. Vielleicht wollen Sie diese Kernmotivation - Ihre eigene - auch kommunizieren. "Mit gutem Beispiel vorangehen" ist kein sinnloser Ausspruch. Kein Führungsstil ist effektiver als der einer charismatischen Persönlichkeit.

In der psychologischen Literatur findet sich zudem ein äußerst praktikables Modell, das T.O.T.E. genannt wird. Es behandelt einen lösungsorientierten Ansatz, also beispielsweise die Handlungsalternativen in einer einschränkenden Situation zu erweitern. Zudem unterstützt es den Prozess der direkten und kontinuierlichen Selbstreflektion. Diese setzt sich zusammen aus Bewusstmachung der aktuellen Situation und darauf aufbauender Bestimmung von jetzigem Ist- und erwünschtem Soll-Zustand.

Die Wurzeln des Modells finden sich in der Kybernetik, entwickelt wurde es von Miller, Galanter und Pribram. Es beschreibt vier wesentliche Phasen: Test, Operate, Test, Exit.

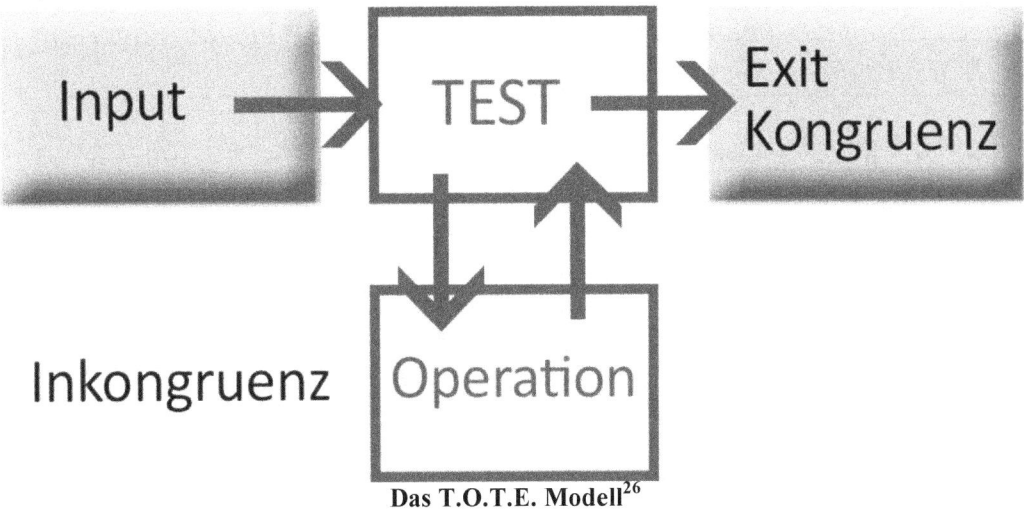

Das T.O.T.E. Modell[26]

Dieses Modell hilft im Kontext der Gesprächsführung besonders dabei, flexibel in Problemsituationen zu reagieren und neue Lösungsansätze zu finden. Sobald Sie den Ist-Zustand definiert und einen Soll-Zustand formuliert haben, werden mit kreativen Fragen neue Alternativhandlungsweisen gesucht, die Sie bei der Erreichung Ihres Ziels unterstützen.

Stocken Sie im Gespräch oder beim eigenen Vorankommen, so können Sie die folgenden offenen Fragen stellen, um neue Hinweise zu erhalten:

> *„Welche anderen Möglichkeiten gäbe es, dein Ziel zu erreichen?"*
> *„Kennst du andere Menschen, die erreicht haben, was du möchtest? Wie haben sie es geschafft? Wie könntest du deren Handlungen nachahmen?"*
> *„Was ist das Wichtigste, das du tun kannst, um dein Ziel zu erreichen? Was das Zweitwichtigste, was das Drittwichtigste..."*

---

[26] Quelle: eigene Grafik

> *„Hast du dein Ziel schon einmal erreicht? Wenn ja, was hast du getan, um es zu erreichen? Könntest du das heute wieder tun? Wenn nicht, was könntest du stattdessen tun?"*
>
> *„Stell dir vor, du wärst in der Zukunft und hättest dein Ziel schon erreicht. Blick auf den heutigen Tag zurück und auf den Weg, der hinter dir liegt. Wie hast du es dorthin geschafft?"*

Nun gilt es, diese Alternativmöglichkeiten (Test) in der Realität zu erproben (Operate). Ist das Feedback positiv, bleiben Sie beim Verhalten (Exit). Ist es nicht zielführend, so wird ein neues Verhalten getestet (Test), bis Sie Ihr Ziel erreichen (Exit). Ein guter Beeinflusser begleitet seinen Gesprächspartner so lange auf dessen Weg, bis das Ziel erreicht wurde. Ob dies sporadisch, aber terminlich geplant, in Form von Mitarbeitergesprächen, laufend wie bei einem Coaching oder vereinzelt und spontan wie bei politischen Interventionen geschieht, obliegt Ihrem persönlichen Geschmack und der Art des Projektes.

Das Modell eignet sich zudem bestens für die laufende Überprüfung, ob die eingesetzten Werkzeuge die gewünschte Wirkung erzielen oder nicht. Falls ja, werden sie beibehalten. Falls nicht, wird erneut analysiert (IST- im Vergleich zum SOLL-Zustand) und eine alternative Strategie eingesetzt.

<u>Aufgabe</u>: Definieren Sie Ihre Top 3 Ziele für die nächsten fünf Jahre. Was wollen Sie erreichen und woran erkennen Sie konkret, dass Sie Ihr Ziel erreicht haben? Es kann dies sowohl in privatem als auch beruflichem Kontext sein. Tun Sie dies jetzt, bereits im nächsten Kapitel werden Sie diese Liste benötigen.

5.2 Steuerungsmechanismen

Die Möglichkeiten, menschliches Verhalten zu steuern, sind aus systemischer Ebene betrachtet mannigfaltig. Im Praxisalltag bedienen wir uns aber zumeist einfacher und eher praktikabler Werkzeuge, die eine möglichst einfache Anwendung bei möglichst effektivem Ergebnis zur Folge haben. Haben Sie also die Absicht, andere Menschen für die Erreichung Ihrer Ziele zu motivieren, so bedarf es eines speziellen Fokus auf folgende vier grundlegende Faktoren:

- Selektion
- Vertrauen
- Informelle Beziehungen
- Reziprozität

Im Folgenden soll auf diese vier Knackpunkte eingegangen werden.

5.2.1 Selektion

Wenn Sie Menschen motivieren wollen, Ihre Ziele zu unterstützen, so ist der wichtigste Prozess jener der bewussten Selektion, also der Auswahl, wer für Sie tätig wird. Schon Galbraith schrieb über die Wichtigkeit der Selektion von Kooperationspartnern: „The choice of partners is crucial."[xx]

Stellen wir uns der Einfachheit halber Ihr Vorgehen aus systemischer Perspektive vor. Sie sind dabei die zentrale Schnittstelle, quasi das Mutterschiff oder führende Organ. Im Geschäftsleben wäre dies der Vorstand oder CEO, der die strategische Planung übernimmt, aber nicht oder wenn, dann nur selten als ausführende Kraft tätig wird. In seinem Netzwerk befinden sich Menschen aller Rangstufen, vornehmlich aber weitere Entscheidungsträger und höhere Managementebenen. Diese setzen die strategische Planung in konkrete Handlungen um, die dann von Arbeitern oder Angestellten ausgeführt werden. Sind Sie im Begriff, ein größeres Vorhaben umzusetzen als „nur" in einem einfachen Gespräch, so bedienen Sie sich zwar derselben Werkzeuge, tun dies jedoch in einem ausgewählten Kreis. Dieser Prozess ist vergleichbar mit dem Züchten einer speziellen Gemüsesorte. Sie wählen aus einem breiten Angebot einzelne Sorten aus, die sie dann zusammenbringen und aus denen wiederum neue

Sorten entstehen. Diese werden erneut zusammengeführt und mit jedem neuen Selektieren überprüfen Sie, ob das Ergebnis eher Ihrem Ziel entspricht. Mit dieser fortwährenden Selektion züchten Sie eine Sorte, die immer mehr Ihrer Vorstellung entspricht. Genau dies ist auch der Fall, wenn Sie eine Idee haben, die real werden soll.

Nehmen wir als Beispiel, dass Sie ein Unternehmen gründen möchten. Viele Menschen beginnen in ihrem direkten Umfeld nach Unterstützung zu suchen, wobei es oft sinnvoller wäre, sich auch außerhalb umzusehen. Vielleicht begeben Sie sich auf eine nahe gelegene Uni oder höhere Schule und schreiben dort Ihre Idee aus. Nun melden sich Menschen, die von der Idee vielleicht noch nicht überzeugt sind, diese aber ansprechend finden. Nun liegt es an Ihnen, jene auszuselektieren, die am besten zur Geschäftsidee passen. Achten Sie darauf, dass es nicht in erster Linie darum geht, dass diese Menschen ähnliche persönliche Werte haben wie Sie selbst: Sie müssen zu jenen Werten passen, die die Idee ausmachen. Natürlich können Sie, bei vorhandener Zeit- und Energieinvestition, auch Menschen von Ihrer Idee überzeugen, die anfänglich eine Abwehrhaltung eingenommen haben. Doch viel effizienter ist es von Beginn an Menschen zu begeistern und zu binden, die grundlegend von Ihrer Idee überzeugt sind. Diese Peer-Group werde ich von jetzt an als Ihr Netzwerk bezeichnen und innerhalb dieses Netzwerks werden sich Kooperationspartner finden, die für die aktuelle (Geschäfts-) Idee relevant sind. Diese können Sie als eigenständiges Projektnetzwerk definieren. Natürlich können manche Partner in mehreren Projekten involviert sein und andere nur für eines arbeiten. Manche halten Sie vielleicht nur in Evidenz, weil es sich um gute Kontakte handelt, die momentan aber noch nicht relevant sind.

Aufgabe: Nutzen Sie Ihre Top 3 Ziele von vorher. Definieren Sie für jedes Ziel - das ab sofort auch ein „Projekt" ist – welche Menschen aus Ihrem Bekanntenkreis (dem Netzwerk) dafür relevant sind oder sein könnten. Sie können die Liste oberflächlich halten und nur die Vornamen verwenden oder ins Detail gehen und festlegen, wer welche Kernkompetenzen hat und wofür diese einzusetzen sind. Sie können noch weiter gehen und zwischen den Kooperationspartnern aufzeichnen, in welchem Beziehungsverhältnis diese zueinander stehen. Zeichnen Sie einfach einmal ihr Projekt nach dieser Vorlage auf:

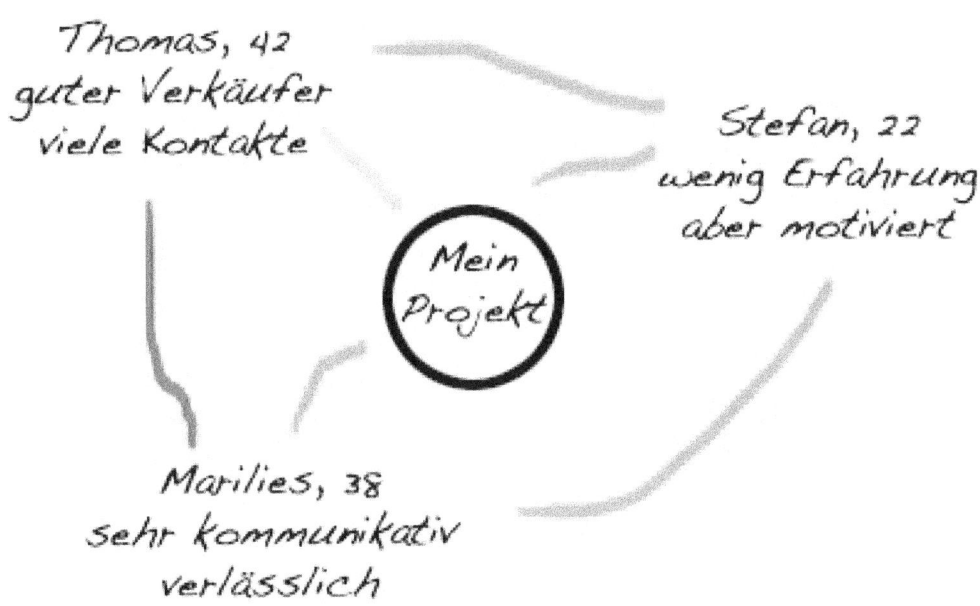

Projektnetzwerk[27]

Eingefügt sind dabei drei Partner, die für das Projekt unmittelbar relevant sind. Die Beziehungsverhältnisse sind mittels Ampelfarben bunt markiert: Sie definieren, wie die Personen zueinander stehen, aber auch, ob sie sich mit dem Projekt wohl fühlen bzw. motiviert sind, etwas dafür zu leisten. In diesem Beispiel wäre Thomas die Schwachstelle – er hat nicht nur Probleme mit Marilies, sondern ist noch nicht zur Gänze vom Projekt selbst überzeugt. Nun können Sie entscheiden, ob es sich auszahlt, ihn zu umwerben oder lieber jemand Neuen zu suchen. Mithilfe einfacher Grafiken wie dieser können Sie in kürzester Zeit eine IST-Einschätzung

---

[27] Quelle: eigene Grafik

durchführen und sehr flexibel managen. Vielleicht fällt Ihnen ja auf, dass die guten Kontakte von Thomas unerlässlich sind und tauschen lieber Marilies aus – Verlässlichkeit lässt sich anderswo wahrscheinlich auch finden, die notwendigen Kontakte aber eher nicht. Und wenn Sie sich quasi zu Gunsten von Thomas entscheiden, ist er bestimmt auch eher an einer Bindung an Ihrem Projekt interessiert, zumal Sie bewiesen haben, dass Sie klar Stellung beziehen können. Sie merken schon jetzt, wie sinnvoll kleine Grafiken wie diese sein können, auch wenn es nur darum geht, sich die aktuelle Lage kurz vor Augen zu führen.

Wie bereits oben angemerkt, sollten Ihre Ziele bestmöglich mit denen der Kooperationspartner übereinstimmen. Dementsprechend sollten Kernkompetenzen und Motivation der Partner für einen Eintritt geeignet sein, um die Erreichung des gemeinsamen Zieles zu fördern. Ist dies nicht der Fall, weil beispielsweise die Ziele der Partner nicht kongruent mit jenen Ihrer Idee sind, so ist nicht nur die Koordination und Organisation der Zusammenarbeit relativ aufwändig, im Worst-Case-Szenario ist sogar der Bestand der Kooperation selbst unsicher.

Und nichts kostet Sie schlussendlich mehr Kraft, Zeit und Geld, als die Selektion eines unpassenden Partners wieder wettzumachen: durch mögliche Korrektur entstandener Schäden, erneute Suche und Auswahl eines weiteren Partners. Nehmen Sie sich deshalb unbedingt genug Zeit, um einen passenden Partner zu wählen und nicht einfach den Erstbesten.

Die Selektionsfunktion ist somit eine beständige Managementaufgabe, die nicht mit dem Eintritt des neuen Partners endet, sondern laufend fortgeführt werden muss. Zusätzlich fließt hier natürlich auch die so genannte De-Selektion ein, die auf die kontinuierliche Neubewertung der Netzwerkteilnehmer abzielt, um potentiell ungeeignete Partner zu erkennen und auszusortieren, sowie natürlich insbesondere in Projektnetzwerken die bewährten und bestehenden Kooperationspartner zu re-selektieren[xxi].

Ebenso wichtig für die Erreichung Ihrer Ziele ist die Beachtung der Reziprozitätskriterien und die Fähigkeit, Vertrauen herzustellen und zu vertiefen. Die Umstände der Selektionsanforderungen sind dabei auch abhängig von der zeitlichen Entwicklungsphase des Projektes. Zu erwähnen bleibt, dass oft in der Literatur genannte Persönlichkeitsmerkmale, die an sich für eine gute Kooperationsfähigkeit stehen (wie beispielsweise Offenheit, Verständnis, Empathie, Kommunikationsfertigkeit usw.), nicht gezwungenermaßen für das tatsächlich an den Tag gelegte Verhalten stehen, sondern tatsächlich relativ schlechte Aussagekriterien sind[xxii].

5.2.2 Vertrauen

Um eine nachhaltige und auch gelungene Zusammenarbeit in einem Kooperationsnetzwerk zu erreichen, wird ein hohes Maß an Vertrauen und transparenten Informationsflüssen vorausgesetzt. Reziproke Vertrauensverhältnisse werden oftmals in der Literatur sogar als Grundvoraussetzung für das Begründen einer neuen Kooperation angeführt.

Vertrauenselemente, die mit Ihrem Netzwerk selbst assoziiert werden, erzeugen zudem eine positive Außenwirkung, die insbesondere bei neuen Projekten wichtig für die Reputation ist. In der wissenschaftlichen Literatur wird Vertrauen häufig auch als Kernelement für entscheidende Wettbewerbsvorteile definiert. Je mehr Ihnen Menschen vertrauen, umso weniger sind sie bestrebt, sich opportunistisch zu verhalten. Somit fallen auch Kosten der Überwachung weg. Zudem finden in vertrauensvollen Beziehungen Prozesse schneller statt, was auch darauf zurückzuführen ist, dass in einer langfristigen Kooperation das Verhalten der Netzwerkteilnehmer in diversen Situationen mehr und mehr bekannt wird und sich davon Entscheidungen schneller ableiten lassen, wodurch Verhandlungskosten oder Zeitaufwand für Entscheidungen geringer werden[xxiii].

Daraus lässt sich ableiten, dass es vor allem langfristig gesehen sinnvoll ist, in jede Beziehung zu investieren und das Vertrauen zu bestärken. Oft genügt schon ein ehrlich gemeinter Anruf und ein kurzer persönlicher

Austausch. Haben Sie bereits ein großes Netzwerk, kann es durchaus Sinn machen, eine Liste Ihres Netzwerks zu führen und Eintragungen im Kalender vorzunehmen, um bei gegebenem Anlass mit den Menschen in Kontakt zu treten und diesen dadurch zu fördern. Achten Sie vor allem darauf, dass Sie nicht als Bittsteller auftreten, sondern durchaus den informellen, persönlichen Kontakt suchen und Projektideen bewusst abwägen, bevor diese mit Ihrem Netzwerk geteilt werden. Sonst haben Sie bald den Ruf, stets neue Ideen zu haben und damit von einer Tür zur anderen zu hausieren. Wieso es Sinn macht, vor allem privat Kontakt zu halten ohne „geschäftlichen" Kontext, zeigt das nächste Kapitel auf.

5.2.3 Informelle Austauschbeziehungen

Häufig ist zu beobachten, dass zwischen Kooperationspartnern eines Netzwerks auch freundschaftliche Beziehungen aufgebaut werden beziehungsweise das Projektnetzwerk selbst aus einer Freundschaft heraus entstanden ist. So entsteht ein der ursprünglichen Organisation übergelagertes, persönliches Netzwerk, das insbesondere informelle Austauschbeziehungen unterhält. Je kongruenter die geteilten Werte und Normen der Partner übereinstimmen (wie zum Beispiel Ehrlichkeit, Toleranz, Anerkennung usw.), desto wahrscheinlicher ist, dass das reziproke Vertrauen wächst und sich Ihre Entscheidungen handlungsleitend auf die anderen Partner auswirken. Dieser Prozess unterstützt nachhaltig auch die Effektivität und Effizienz nachfolgender Prozesse und Entscheidungen, da dadurch flexible Handlungsmuster etabliert werden.

Mit der interpersonal verankerten Vertrauensbasis wird quasi eine „Vertrauenskultur" gebildet, die Grundlage eines jeden nachhaltigen Systems ist. Dabei wird in empirischen Studien gerade den informellen Treffen, wie sie etwa bei gemeinsamen Freizeitaktivitäten stattfinden, aber ebenso informellen Meetings zwischen den Netzwerkteilnehmern eine hohe Relevanz beigemessen. Während dieser informellen Treffen werden oftmals die wichtigsten projektrelevanten Details besprochen, wodurch der Aufwand einer zeitlichen und organisationalen Koordination der Kooperationspartner entfällt[xxiv].

„Grundsätzlich wird der Einsatz von Vertrauen insbesondere in Transaktionen von hoher Komplexität notwendig sein, bei denen die Erwartungen der Vertragsparteien nicht beziehungsweise nur zu prohibitiv hohen Transaktionskosten explizit kontrahiert werden können. Dies trifft vor allem auf langfristige, sich über einen größeren Zeitraum erstreckende Leistungsbeziehungen zu."[xxv] Zusätzliche positive Nebeneffekte der informellen Austauschbeziehungen sind klar in der Stärkung der Beziehungsqualitäten der Kooperationspartner untereinander anzusiedeln, was wiederum das Vertrauen stärkt und die Selbstverpflichtung erhöht.

Aufgabe: Wählen Sie eines Ihrer Top 3 Projekte aus und treffen Sie alle (potentiellen) Projektpartner einzeln in den nächsten zwei Wochen. Halten Sie die Treffen bewusst freundschaftlich, ohne über Ihre Idee konkret zu sprechen. Überprüfen Sie aber schon jetzt die Fähigkeiten, Kernkompetenzen und Glaubenssätze Ihrer Gesprächspartner mit den in diesem Buch vorgestellten Methoden und insbesondere dem Meta-Programm-Profil. Beginnen Sie mit einem „kleineren" Projekt, bei dem im Idealfall zwischen drei bis fünf Partner teilnehmen (sollen).

5.2.4 Das Reziprozitätsprinzip

Es besagt, dass Menschen bemüht sind zurückzugeben, was sie bekommen haben. Gefälligkeiten, Geschenke, Einladungen usw. werden früher oder später revanchiert. Diese Verpflichtung zur Gegenseitigkeit zeigt sich in Formulierungen wie „Ich bin Ihnen sehr verpflichtet." Das Reziprozitätsprinzip findet eine weite Verbreitung in allen Kulturen und Gesellschaften. Wir alle haben gelernt, uns an diese Regel zu halten, und wir alle kennen die sozialen Sanktionen, die uns begegnen, wenn wir sie missachten. Dies kann dazu führen, dass man aus unseren Verbundenheitsgefühlen Profit schlägt.

Das Ultimatum-Spiel[xxvi] oder Vertrauensspiel wurde in den 70ern des letzten Jahrhunderts vom deutschen Ökonomen Prof. Dr. Werner Güth (Max-Planck-Institut zur Erforschung von Wirtschaftssystemen) erfunden. Der Ablauf gestaltet sich folgendermaßen (Vgl. http://www.mpg.de/792374/W006_Kultur-Gesellschaft_080-085.pdf) :

Stell dir vor, jemand gibt dir 100 € unter der Bedingung, das Geld mit einem Spielpartner beliebig zu teilen. Du darfst bestimmen, wie viel du von den 100 € abgeben möchtest und wie viel du behalten willst. Der andere kann Einspruch erheben und das Angebot ablehnen, aber er kann es natürlich auch akzeptieren.

Ist er einverstanden, bekommt jeder das Geld in der vorgeschlagenen Aufteilung. Lehnt er ab, erhält keiner einen Cent und beide gehen leer aus.

Stell dir vor, du bietest deinem Partner 10 €. 90 € willst du behalten. Was wird er machen? Ablehnen oder zustimmen?

Er wird wahrscheinlich ablehnen. Aber warum? Rational gesehen hätte er doch am Ende immer noch mehr als vorher, wenn er zustimmt und die 10 € nimmt! Und auch deine Entscheidung, ihm 10 € zu überlassen, vielleicht sogar noch weniger, wäre doch rational!

Interessant ist, dass die meisten Versuchspersonen dieses Experiments emotional handeln, also ablehnen, - die wenigsten handeln so rational und nehmen auch die 10 € an (gemäß dem in der Wirtschaft oft fälschlich verstandenen Begriff des "homo oeconomicus", der durch die fordistische Anschauung geprägt wurde). Aus diesem Experiment folgt, dass Verhalten auch durch die Idee von Fairness gesteuert wird, nicht nur durch die Maximierung persönlichen Nutzens. Wir können also von einem "angeborenen" Altruismus sprechen, da egal in welchem Land oder welcher Kultur durchgeführt, der Ausgang des obigen Spiels immer gleich war. Dieses Reziprozitätsprinzip wird häufig auch in der Werbepsychologie genutzt, indem den Menschen ein „Give-away" geschenkt wird, dadurch jedoch der psychologische Druck einer erwarteten Gegenleistung erzeugt wird, dem viele auch nachgeben.

Projekt-Kooperationen erfordern ein Management, das nicht nur mit geschäftlichen Fakten, sondern gerade auch in personenbezogenen Netzwerken mit Emotionen umgehen kann. Dabei fließen sowohl die wechselseitigen Beziehungen der Netzwerkpartner mit ein wie auch die Reziprozität der von Ihnen eingesetzten Beeinflussungsinstrumente untereinander. Ihre Kooperationspartner werden sich auch ohne Ihr Zutun austauschen und Ihr Verhalten vergleichen. Seien Sie sich also bewusst, welche Beeinflussungsinstrumente Sie einsetzen bzw. bei Ihnen eingesetzt werden.

Somit sind eine flexible Entscheidungsfähigkeit und inhaltlich einschlägige Hintergrunderfahrung sinnvoll, wenn Sie beabsichtigen, mehrere Menschen zu führen. Zudem lässt sich eine erforderliche Reziprozitätskompetenz feststellen, die sich durch die Steuerung sowohl der Nutzenziehung als auch der moralisch wechselseitigen Abhängigkeit der Netzwerkpartner auszeichnet.

Reziprozität setzt nicht zwingend voraus, dass die Partnerschaft für alle Partner denselben Nutzengewinn liefert. Die Literatur nennt dabei kulturell geprägte Ge- und Verbote, Macht, gemeinsame Interessen und überwachende Interventionen von dritter Seite als effiziente Kompensationsmechanismen, die ein Defizit an Wechselseitigkeit ausgleichen können[xxvii]. Gerade auch hier spielt der Faktor Vertrauen eine wichtige Rolle, da Reziprozität, der Austausch der Nutzengewinne, per Definition immer zu einem sofortigen oder verzögerten Zeitpunkt stattfindet. Dadurch existiert automatisch die Erwartungshaltung, dass bei Vorleistung oder Mehrleistung des einen Partners der andere diese langfristig kompensieren wird[xxviii].

Wenn für eine Leistung nur eine ungenügende Gegenleistung erbracht wird, dann erzeugt dies automatisch ein Machtgefälle. Meist kann es sich nur jene Seite leisten, weniger zu geben, von der die andere abhängig ist. Dies lässt den Umkehrschluss zu, dass Sie als Führungsperson in Ihrer Außenwirkung bedacht darauf sein sollten, möglichst wenig preiszugeben (ohne verschwörerisch zu wirken) und viel einzufordern. Die meisten Menschen sind es gewohnt zu leisten, sobald mit höflicher Bestimmung eingefordert wird. Diese Perspektive ist auch auf alle anderen Instrumente anwendbar, wobei gerade auch auf der Vertrauensebene auf eine Reziprozität Wert zu legen ist. Wie Sie es schaffen, genau die richtige Kombination dieser Werte in Ihrer Außenkommunikation zu erzeugen, verrät Ihnen das nächste Kapitel.

5.3 Zusammenfassung

In diesem Kapitel haben Sie erfahren, welche Zielsetzungen Ihr Gespräch verfolgen sollte und wie Sie dieses bestmöglich auch im Inhalt vorbereiten. Zudem haben Sie gelernt, wieso Selektion eine der wichtigsten Voraussetzungen für erfolgreiche Beeinflussung darstellt und wie Sie in kurzer Zeit Vertrauen aufbauen können.

Dieses Wissen wird durch die Kapitel 6 und 7 in Schwerpunkten vertieft. Die wichtigste Erkenntnis sollte hier darstellen, dass schlussendlich jede Form der Beeinflussung durch direkten Austausch entsteht und somit das informelle Treffen einen der wichtigsten Steuerungsmechanismen darstellt.

Das Prinzip der Reziprozität ist ein elementares menschliches Austauschverhalten in Transaktionsbeziehungen. Sie kennen es bestimmt schon als „eine Hand wäscht die andere", haben bisher aber vielleicht die Wirkung unterschätzt. Schießen Sie Menschen Vertrauen voraus, wird es meist erwidert. Legen Sie also ruhig vor, solange Sie nicht die fixe Erwartung hegen, dass es *immer* erwidert wird, können Sie nur gewinnen.

Zudem haben Sie das T.O.T.E. Modell kennen gelernt, mit dem Sie eine kontinuierliche Überprüfung Ihrer Fortschritte durchführen sollten. Es ist eines der effektivsten Werkzeuge des Selbst- und Fremdmanagements und befähigt Sie in kürzester Zeit, unterstützt etwa durch kleine Skizzen, einen Ist/Soll-Vergleich anzustellen. Basierend auf Ihren Bewertungen können Sie dann schnell die richtigen weiteren Schritte planen und umsetzen.

KAPITEL 6: DAS KGS-PRINZIP

In diesem Kapitel behandeln wir das Prinzip der direkten Beeinflussungstechniken. Diese werden insbesondere im Direktkontakt mit anderen Gesprächspartnern relevant, wenn Sie sich also real gegenüberstehen. Dabei können Sie flexibel auf Ihr Gegenüber reagieren und den Prozess unmittelbar steuern. Kommunizieren Sie über ein Medium wie etwa TV oder einen weniger wechselseitig involvierenden Vortrag vor größerem Publikum, so werden Sie diese Methoden dennoch verinnerlichen müssen, um den maximalen Output zu erreichen. Das KGS-Prinzip steht für die folgenden Teilbereiche effizienter Kommunikation:

- Körpersprache
- Gestik und Gesicht (Mimik)
- Sprache (inhaltlich) und Stimme

Sie erhalten somit in mehreren Teilbereichen, sortiert nach Kosten/Nutzen Prinzip, den entscheidenden Wissensvorsprung. Wir wissen, dass Körpersprache das mit Abstand wichtigste Kriterium ist, doch dies schließt auch Kleidung, Farbsymbolik, nonverbale Status-Merkmale und Gewohnheiten, die sich in körpersprachlichen Ticks und Verhaltensmustern widerspiegeln, ein. Die Gestik wird separat behandelt, da sie im Unterschied zur Körpersprache oftmals bewusster ist. Zudem sind mittels bewusster Berührung mächtige Ankertechniken möglich, also Methoden, mit denen Sie emotionale Zustände bei sich selbst oder anderen speichern und wieder abrufen können.

Das Gesicht wiederum ist bekanntermaßen der Spiegel unserer Gefühle und mittels der Deutung von Augenzugangshinweisen und Mikromimik werden Sie in Sekundenschnelle Lügen entlarven und verborgene Zusammenhänge erkennen.

Die Art, wie wir unsere Stimme einsetzen, verrät zudem sehr viel über unseren momentanen Zustand oder jenen, mit dem eine Erzählung verbunden ist. Zuletzt liegt unser Fokus auf der inhaltlichen Ebene. Diese ist zwar, wenn sich zwei Menschen gegenüberstehen, im Vergleich zu vorangehenden Themen relativ unwichtig, ihr wird jedoch gerade im Geschäftsleben oder bei der Kommunikation über inhaltsbezogene Formate (wie Magazine, Bücher usw.) größte Bedeutung beigemessen. Folgende und weitere Ebenen bieten sich einem geschulten Kommunikator, um schnell und erfolgreich mit Menschen eine Verbindung aufzubauen und eine Ebene des tieferen Vertrauens zu schaffen:

- Umgebung und materielle Voraussetzungen
    o Sitzordnung
    o Sichthöhe
    o Direkte Umgebung
    o Kultureller Raum
    o Kleidung
    o Frisur
- Körpersprache
    o Gesamtphysiologie
    o Körperspannung
    o Steh- und Sitzposition
    o Offen oder verschlossen
    o Arm- und Schulterhaltung
    o Fußhaltung
    o Kopfbewegungen und seitliche Haltung
    o Ideomotorische Bewegungen (zum Beispiel unbewusstes Zucken der Finger oder Herumzupfen an der Kleidung)
- Gesicht & Mimik
    o Augen, Blickrichtung, Blickkontakt
    o Emotionaler Gesichtsausdruck
    o Augenbrauen
    o Lächeln

- Gestik
  - Hand- und Armhaltung
  - Bewegungsintensität
  - Bewegungshäufigkeit
  - Bewegungsgeschwindigkeit
  - Spielen mit Gegenständen
  - Wiederholen von typischen Bewegungen
  - Oberer, mittlerer oder unterer Körperbereich
- Stimme & verbale Ebene
  - Tonhöhe
  - Sprechgeschwindigkeit
  - Aussprache
  - Betonung
  - Pausen
  - Sprachfluss
  - Wiederholungen
  - Einsatz von Füllwörtern wie „Ähm"
- Inhaltliche Ebene
  - Gefühle
  - Persönliche Geschichte
  - Interessen, Werte und Glaubenssätze

Wollen Sie also Ihre Kommunikation optimieren, so halten Sie sich im Idealfall bereits beim Lernprozess an die Anwendung der hier vorgestellten Inhalte in eben jener Reihenfolge der Kapitel.

6.1 Körpersprache

Die Körpersprache verrät mehr über einen Menschen als alles andere. In ihr spiegelt sich nicht nur der momentane physische Zustand eines Menschen wider, sondern auch welche Gewohnheiten er hat. Dies lässt wiederum auf seine längerfristige Umgebung schließen, seinen sozialen Status, seine Vorlieben und Abneigungen, über diesen Weg sind sogar seine grundlegenden Werte und Glaubenssätze ablesbar. Mit einem geschulten Auge werden Sie einen Mehrwert an Information erhalten, der anderen Menschen vorenthalten bleibt. Es ist jedoch nicht so, dass die Information erst jetzt da ist, wo Sie sie wahrnehmen. Natürlich war sie vorher auch schon da – nur haben Sie sie nicht bewusst aufgenommen und in Ihre Einschätzung anderer einfließen lassen.

6.1.1 Farbsymbolik

Prof. Max Lüscher entwickelte vor rund 60 Jahren den ersten Farb-Test. Heute ist daraus eines der ausgefeiltesten Modelle der Persönlichkeitsanalyse entstanden. Mit dieser Methode lässt sich der innere Gefühlszustand eines Menschen objektiv und relativ exakt messen. Ganz gleich, in welcher Kultur wir aufwachsen, so reagiert unser Körper auf bestimmte Farben immer gleich. Beispielsweise steigt bei *Rot* der Blutdruck und der Pulsschlag, bei *Blau* verlangsamt er sich. Auch wenn wir heute vielleicht andere Farben nach außen tragen, innen erleben wir sie auf die gleiche Weise. Deshalb empfiehlt sich nicht nur auf Grund der Kleidung auf den emotionalen Zustand zu schließen (bzw. die Intention dahinter), sondern direkt nachzufragen. Dies mag im ersten Moment etwas befremdlich wirken, gezielt und selten eingesetzt, kann es jedoch gerade in Momenten der sonstigen Unsicherheit, worum es genau geht, Klarheit bieten. Fragen Sie einfach direkt nach:

> *„Wenn dein Gefühl eine Farbe hat, welche ist es? Und wenn das Gefühl keine Farbe hat, welche würdest du ihm geben?"*

Statt Emotionen direkt mit Begriffen anzusprechen, die verwirrend oder doppeldeutig sein könnten, arbeiten wir also mit den Farben als direkten Kontakt zur puren Emotion. Fragen Sie also nicht nach Spielzeugen der Kindheit und deren Farbe oder dem Lieblingskleid, nur um die Frage nach der Farbe zu verschleiern – diese Erinnerungen sind nämlich mit anderen Emotionen vermischt und bieten nicht die relevante Information.

Die Bedeutung von Farben	
Gelb	Kreativität und Ideen (Selbst-Entfaltung, Veränderung, Freiheit, Neues erleben wollen)
Orange	stimuliert die Sinne (Selbstsicherheit, Mut, Abenteuerlust, Fröhlichkeit, Extrovertiertheit)
Blau	Beruhigung (Distanz, Sensibilität, Ruhe, Entspannung)
Grün	Hoffnung und Zuversicht (Stabilität, Selbstvertrauen, Beharrungsvermögen, Selbstsicherheit)
Rot	Kraft, Aktivität, Sexualität, Veränderung (Eroberung, Selbstachtung, Sieg, aktive Bewegung)
Weiß	Helle und Reinheit (Schönheit, Unschuld, Kompetenz, Sauberkeit)
Türkis	Klarheit, Offenheit, Kommunikation (Jugendlichkeit, Dynamik, weckt Interesse)
Lila	Selbst-Achtung, Würde und Selbstsicherheit (Demut, Spiritualität)
Braun	Erde und Stabilität (feste Verwurzelung, Autorität, Selbstsicherheit, Treue, Organisationstalent)
Schwarz	Trauer, Tod, Buße und höchste Kompetenz (geheimnisvoll, interessant)

6.1.2 Das Status-Gesetz

Das aussagekräftigste Kriterium der nonverbalen Kommunikation ist ohne Frage der soziale Status eines Menschen, der sich zumeist auch im körpersprachlichen Status widerspiegelt. Status ist etwas Dynamisches, er verändert sich und gleicht sich im Laufe einer Unterhaltung an. Unsere

Kommunikation wird also essentiell von den nonverbalen Signalen bestimmt, die wir zumeist völlig unbewusst senden. Bis jetzt!

Um die Kommunikation wertvoller und gelungener zu gestalten, empfiehlt sich eine Selbstreflektion, am besten kombiniert mit professionellem Feedback durch einen ausgebildeten Trainer oder Coach.

Die Außenwirkung von Status	
Hochstatus	**Tiefstatus**
Kompetent	Sympathisch
Selbstbewusst	Zurückhaltend
Arrogant	Unsicher
Führungsperson	Untergebener
Entscheidungsfreudig	Zögerlich
Kühl	Emotional
Reserviert	Offen
Selbstbestimmt	Fremdbestimmt
Unabhängig	Anhänglich
Entspannt	Unruhig
Körperspannung	Schlaff
Viel Raum einnehmend	Wenig Raum
Langsames Sprechen	Schnelles Sprechen
Pointierte Gestik	Wild gestikulierend
Tiefe Stimme	Hohe Stimme
Auf beiden Beinen stehend	Gewicht verlagernd
Aufrechte Haltung	Gebückte Haltung
Direkter Blickkontakt	Wandernder Blick
Neutrale Mimik	Emotionale Mimik
Entspannter Sprechrhythmus	Angestrengter Sprechrhythmus
Laute Stimme	Leise Stimme

Haben Sie sich in einer der beiden „Rollen" wiedererkannt? Natürlich sind dies die zwei Extreme, doch die meisten Menschen tendieren in ihrem gesamten Leben – nicht getrennt zwischen Beruf und Privat – zu einer Seite. Doch flexibel im Status zu sein kann sehr positive Auswirkungen haben: Je nach Situation und Gesprächspartner ist es unterschiedlich, welche Statussignale wirkungsvoller und damit zielführender für die Kommunikation sind. Sie erreichen andere nämlich immer dann am besten, wenn Sie in „der Sprache des anderen" sprechen. Und die Körpersprache, allem voran der Status, gehören hier definitiv dazu. Dieses Thema ist insbesondere beim Rapport von Bedeutung, den Sie im nächsten Kapitel kennen lernen. Einen wichtigen Auftrag in einer traditionsreichen Bank wird der Auftragnehmer eher dann bekommen, wenn er sich den Hochstatussignalen der Manager anschließt. Ist der Manager jedoch ausnahmsweise im Tiefstatus, dann sollte auf gleicher Ebene kommuniziert und mindestens auf dieselbe Statushöhe gegangen werden. Dieses Konzept wird Ihnen später unter dem Begriff *spiegeln* detailliert begegnen. Um im Senden der Statussignale flexibel zu werden, empfiehlt sich die praktische Anwendung mit anschließendem Feedback von anderen und bestenfalls mit Videoaufzeichnung.

Hoch- (rechts) und Tiefstatus (links) im Geschäftsleben[28]

[28] Quelle: Körpersprache & NLP, S. 53

Zudem zeigen sich in ähnlichen Situationen oftmals gleiche Verhaltensweisen, die wir im allgemeinen Sprachjargon als „Ticks" bezeichnen würden. Wenn Sie Ihren Blick schulen und auch im Detail genauer hinsehen, werden Ihnen jedoch auch seltener wiederholte Verhaltensweisen auffallen. Dies könnte der Griff zum rechten Ohr sein, wann immer es um für den Gesprächspartner „unangenehme" Themen geht. - Ein de facto sehr auffälliges Verhalten, das viele auch aus dem Pokern kennen und das folglich auch hier als „tell", also verräterische Geste, bezeichnet wird. Um herauszufinden, ob es sich wirklich um solch eine Geste handelt, die immer inhaltsbezogen ist, sprechen Sie dasselbe Thema, bei dem diese Bewegung auffällt, mehrmals in unterschiedlichen Situationen, Kontexten, zu verschiedenen Tageszeiten usw. an. Erst durch mehrmalige Wiederholung können Sie sich sicher sein, dass es sich um ein kultiviertes Verhalten handelt und können dann auch, wenn es in anderen Situationen auftritt, auf eine verbundene Emotion schließen.

Als Beispiel nehmen wir die Situation mit einer Arbeitskollegin: Nahezu immer, wenn Sie das persönliche Thema rund um Familie streifen und dann, wenn auch nur in einem Nebensatz, auf ihre Mutter zu sprechen kommen, zupft Ihre Kollegin sich die Bluse oder das Hemd mit der rechten Hand über dem Bauch zurecht. Später erfahren Sie, dass die Mutter wohl sehr dominant war und sich die Kollegin von ihr stets übermäßig kontrolliert empfand. In einer gemeinsamen Sitzung mit dem Chef stellen Sie dasselbe Verhalten fest, sobald er ein Projekt Ihrer Kollegin anspricht. Die Wahrscheinlichkeit ist in diesem Fall höher, dass hier mehr Druck auf die Kollegin ausgeübt wird als bei anderen Projekten.

Solche Zusatzinformationen mögen auf den ersten Blick wenig interessant wirken und dies ist häufig auch der Grund, weshalb sie von vielen Menschen schlichtweg ignoriert werden. Ergänzen sich jedoch viele dieser kleinen „Mosaikteilchen" zu einem großen Ganzen, ergeben sich gänzlich neue Einblicke in die Verhaltensweisen und damit auch Glaubenssysteme Ihrer Mitmenschen. Schlussendlich sind es genau jene Detailinformationen, die eine geschulte Wahrnehmung von einer eingeschränkten unterscheiden. Und umso mehr Informationen Sie besitzen, desto qualitativ hochwertigere Entscheidungen können Sie treffen. Spinnen wir das Szenario von weiter oben fort und Sie arbeiten zwei Monate später mit Ihrer Kollegin gemeinsam an einem Projekt. Sie kommen auf einen speziellen inhaltlichen Teilbereich der Arbeit zu sprechen und die Kollegin wiederholt dabei das Ihnen bereits bekannte Verhalten. Nun können Sie diesen Umstand ganz unverfänglich ansprechen oder Sie umschiffen das Thema und übernehmen hierfür etwa die Alleinverantwortung. Die Kollegin wird es Ihnen danken! Was Ihnen das bringt, außer dass Sie stillschweigend und wohl auch unbemerkt höflich waren? Manche Menschen, die geübt in der Beeinflussung von anderen sind, nutzen ihre Fähigkeiten natürlich zum eigenen Vorteil. Eine Möglichkeit wäre, die Kollegin explizit zu bitten, diesen Teilbereich des Projekts zu übernehmen, gerade *weil* es ihr schwer fällt. Womöglich wird sie dies nicht sofort zugeben und nach Ausflüchten suchen. Je mehr Ausreden kommen, umso offensichtlicher wird auch, dass sie diesen Projektbereich nicht leiten will. Nun können Sie auf dem hier bereits vorhandenen Leidensdruck aufbauen und ein Angebot vorschlagen: „Ok, ich kann es zwar nicht genau nachvollziehen, wieso, aber ich merke, dass dir das Thema unangenehm ist. Ich selbst möchte diesen Teilbereich eigentlich auch nicht leiten, vielleicht aus denselben Gründen wie du. Aber ich bin bereit es zu tun, wenn du mir dafür bei den folgenden Tätigkeiten hilfst: ...“

Sie bauen mit dieser Methode nicht nur Vertrauen auf, weil Sie emotionale Nähe herstellen („aus denselben Gründen wie du“), sondern basierend auf dem Gesetz der Reziprozität („eine Hand wäscht die andere“) wird Ihre Kollegin mit höherer Wahrscheinlichkeit bereit sein, Ihnen zu helfen, nachdem Sie ihr geholfen haben. Da Sie ihr jedoch eine Tätigkeit abnehmen, die für sie mit deutlich negativen Emotionen gekoppelt ist und dementsprechend schwer wiegt, wird sie aus ihrer Sicht betrachtet unverhältnismäßig viel tun, um eine Gegenleistung zu erbringen. Unterm Strich ist der Austausch (emotional) fair, doch mit diesem Wissen können Sie gezielt mit ebensolchen Methoden vorgehen, um einen maximalen Output bei minimalem Input zu erreichen. Ebenso können Sie nun genauer beobachten, wie andere Menschen auf Sie zugehen, um eben jene Themen bei Ihnen ausfindig zu machen.

6.1.3 Rapport

Unter Rapport[xxix] versteht man eine gemeinsame Basis des Vertrauens und der Sympathie. Diese entsteht besonders schnell, wenn zwei Menschen aufeinander treffen, die eine ähnliche Art zu kommunizieren haben. Dadurch ergibt sich eine klare Hierarchie (je nach Gesprächsrichtung), mit der auch beide zufrieden sind. Natürlich können beide gleichberechtigt sein, meist übernimmt jedoch der die Führung, der den höheren Status hat. Rapport erkennt man daran, dass eine Gleichheit der Körperhaltung und im Verhalten besteht. Paare oder Freunde gehen beispielsweise im Gleichschritt und wenn der eine zum Glas greift, trinkt der andere auch einen Schluck, obwohl er gar keinen Durst hat. Je besser sich zwei Menschen verstehen, desto ähnlicher wird auch ihre Körpersprache. Entweder passt sich einer (meist jener mit Tiefstatus) an sein Gegenüber an (jener mit Hochstatus) und lässt sich führen oder beide nähern sich gegenseitig an. Der Prozess dieser Angleichung wird als **spiegeln** oder **„pacing** und **leading"** bezeichnet.

Im Englischen bedeutet „to **pace"** im gleichen Schritt gehen. Rapport entspringt dem NLP und beschreibt Pacing als Prozess des sich Angleichens, des Spiegelns von Kommunikationspartnern. Eine Person A, die eine Person B spiegelt, gibt B in ihrem Verhalten jenes Verhalten „zurück", das A an B vorher hat beobachten können. Spiegeln beinhaltet verbale und non-verbale Aspekte mit dem Zweck, Rapport herzustellen. Wenn wir Menschen in den Bereichen Beratung/Vertrieb oder Führung dabei beobachten, wie sie Kontakt mit ihrem Kunden herstellen, so ist oft zu sehen, dass die ganze Konzentration, eine Gemeinsamkeit zu finden, sich allein auf den inhaltlichen Anteil der Kommunikation beschränkt. Somit verschwenden sie einen Großteil Ihrer Möglichkeiten. Wenn in Meetings ein Gefühl der Uneinigkeit oder Unstimmigkeit aufkommt und man merkt, dass es „brodelt", versuchen Moderatoren oder

Führungskräfte sehr oft, über den Inhalt ein gemeinsames Commitment zu erreichen (auf einen gemeinsamen Nenner zu kommen). Viele von uns haben schon solche mühevollen, sehr zeitaufwändigen Versuche erlebt. Um solche Fettnäpfchen zu vermeiden, können wir die nonverbale Ebene nutzen, um zunächst über Pacing einen angenehmen Kontakt herzustellen. Indem wir unser Gegenüber spiegeln (pacen), stellen wir mit diesem Rapport her. Beobachten Sie in nächster Zeit einmal andere Leute und sich selbst bei der Kontaktaufnahme mit anderen Menschen. Sie werden schnell erkennen, dass die Leute umso mehr Gemeinsamkeiten zeigen, je mehr sie sich verstehen. Mit Pacen ist übrigens kein affektiertes Nachäffen gemeint, sondern ein empathisches Einlassen auf den anderen. Diese Technik beschreibt also das Basiswerkzeug für alle Menschen, die im Zusammenspiel mit anderen arbeiten. Es ist der Unterschied, der einen Unterschied macht - ob für Verkäufer, Manager, Berater, Erzieher oder alle anderen (und wie wir wissen, kommunizieren wir alle), die auf ihre Kommunikationsfähigkeit angewiesen sind. Jeder, der Interesse daran hat, mit jemand anderem schnell einen guten Kontakt herzustellen und ganz besonders der Hypnotiseur, sollte das Pacing beherrschen.

Wenn guter Rapport besteht, kann durch **Leading** der Gesprächspartner langsam in einen anderen Zustand geführt werden. Der stärkere Kommunikator – meist jener im höheren Status - gibt die Richtung vor. Der Begriff des Leading stammt aus dem angloamerikanischen Sprachraum und bedeutet in positiver Form führen (to lead). Der Prozess des leading ist relativ einfach. Wenn wir wahrnehmen können, dass Rapport vorhanden ist, beginnen wir erste kleine Veränderungen in unserem Ausdrucksverhalten (Physiologie, Sprache,...) herbeizuführen und überprüfen am Verhalten unseres Gesprächspartners, ob er diese Veränderungen mitmacht. Beim Schritt vom Pacing zum Leading ist der sanfte Übergang von entscheidender Bedeutung. Massive Wechsel bewirken in der Regel einen Rapportverlust. Da Menschen den guten Kontakt mit anderen sympathischen Personen instinktiv halten wollen, werden sie die Schritte des Leaders mitgehen. So kann der Beeinflusser oder bspw. die Führungskraft durch geschicktes Leading einen nervösen Mitarbeiter in neutrale Stimmung versetzen, um den Gesprächsprozess erfolgreicher zu gestalten. Selbstverständlich sind für jeden Verkäufer oder jede Führungskraft Pacing und Leading absolute kommunikative Basiswerkzeuge.

Bevor die eigentliche Beeinflussung startet, sollten Sie testen, ob ausreichend Rapport vorhanden ist. Ist eine gute nonverbale Basis gegeben, steigt nämlich die Erfolgswahrscheinlichkeit der Beeinflussung rapide an. Dies gründet einerseits darin, dass Ihnen der Gesprächspartner vertraut. Andererseits ist es wichtig, dass er auch unterbewusst (in diesem übertragenen Sinne auch nonverbal) zeigt, dass er Ihren Vorgaben Folge leistet. Dem Status-Gesetz zufolge ist somit jeder gute Kommunikator immer auch ein Leader und damit unweigerlich auch ein Manipulator.

6.2 Gesicht und Gestik

Im menschlichen Gesicht spiegelt sich eine wahre Bandbreite der Emotionen wider. Die typische Literatur zur Körpersprache beschäftigt sich häufig mit Sitz- und Stehpositionen, wobei diese physiologischen Haltungen zumeist in Wirklichkeit auf den jeweiligen Status eines Menschen zurückzuführen sind, der nahezu immer kontextabhängig, also situationsspezifisch, ist. Sie bieten demnach nur wenig Mehrwert im Vergleich zum Gesicht und der Gestik, die zu einem gewissen Grad auch kontextunabhängig interpretierbar ist, zumindest teilweise losgelöst von der unmittelbaren Umgebung. Es erfordert zwar eine weitaus geschultere Wahrnehmung, um die feinen Nuancen der Mimik und Mikromimik zu erkennen, als die grobe Physiologie der Gesamtkörperhaltung. Doch die hier gewonnene zusätzliche Information ist das Training mehr als wert.

Aufgabe: Zur Übung empfehle ich die Interpretation der Körpersprache von guten Schauspielern in gehobenen Hollywood-Produktionen mit der Fragestellung, welche Emotion der Schauspieler darstellen will und wie er dies genau tut. Schalten Sie sowohl den Ton als auch die Untertitel dafür komplett aus. Dann überprüfen Sie die Interpretation, indem Sie die Untertitel hinzuschalten und die Körpersprache auf inhaltliche Kongruenz überprüfen. Ist dies erledigt, schalten Sie die Originalvertonung hinzu und achten mit geschlossenen Augen auf die Stimme. Sie können diese Übung bei Live-Diskussionen im TV, insbesondere bei brisanten Politikerinterviews, vertiefen.

Einige ausgewählte Beispiele der Aussagekraft der Körpersprache, vor allem wenn diese im Widerspruch zum Inhalt steht, finden Sie hier in Form von Schnappschüssen bei wichtigen Reden aktueller Spitzenpolitiker während der Finanzkrise Ende 2011[xxx].

Giorgios Papandreou: Vertrau mir[29]

3. November 2011: Nach der überraschenden Ankündigung, eine Volksabstimmung über den Sparkurs der Regierung durchzuführen, sieht sich der griechische Ministerpräsident Giorgios Papandreou dem Ende seiner politischen Laufbahn gegenüber. Die Hand über dem Herz soll sagen: "Vertraut mir". Die Mimik aber sagt etwas anderes und zwar, wie er sich wirklich fühlt: Er hat Angst, dass ihm nicht vertraut wird, denn der Blick geht zur Seite, seine Augenbrauen und die Stirn sind sehr angespannt.

---

[29] Quelle: ap/petros giannakouris

Erleichtert, aber noch unsicher[30]

Einige Tage danach ist Papandreou bereits aus dem Amt geschieden. Den Fotografen gegenüber ist er bemüht, sich möglichst entspannt zu zeigen. Von seinem dominanten Hoch-Status hat er noch nichts verloren: er nimmt viel Raum ein und hat den Arm lässig über die Sessellehne gelegt. Die Beine sind verkreuzt und fokussieren mit dem typisch männlichen Dreieck den Fokus auf den Genitalbereich. Eine an sich sehr souveräne, selbstbewusste Pose. Doch im Detail fällt auf: genau hier, beim Schwachpunkt des Mannes, äußert sich die anfänglich verborgene Unsicherheit. Mit der Hand beschützen Männer häufig ihren Genitalbereich, wenn sie sich in die Enge gedrängt oder unwohl fühlen. Genau dies ist auch hier der Fall und der Eindruck wird vom angespannten, künstlichen Lächeln unterstützt. Die linke Körperhälfte steht zudem für den emotio-

---

[30] Quelle: reuters/giorgos kontarinis

nalen Bereich der Gedanken, diese ist vom Körper weggestreckt. Der Gesamteindruck zeugt von Erleichterung, aber auch einer verbleibenden Unsicherheit.

Welche Körperhälfte in einer Unterhaltung dominiert, vor allem, wenn es sich dabei um die Gestik handelt, ist häufig auch aussagekräftig dafür, ob wir mit dem Herz oder dem Hirn argumentieren. Unsere beiden Gehirnhemisphären sind in rechts und links unterteilt, wobei die linke Hälfte für den rationalen, kognitiven Bereich und die rechte für den emotionalen, empathischen Teil steht. In alten Kulturen wurden diese bereits mit der weiblichen und männlichen Seite derselben Person assoziiert. Die Gehirnhälften sind jedoch über Kreuz mit dem Körper verbunden, **weshalb die linke Körperhälfte für die Emotion und die rechte Seite für die Ratio steht**.

Angela Merkel unterhält sich am 30.1.2012 beim EU-Gipfel in Brüssel mit dem britischen Premier David Cameron und José Manuel Barroso, dem Präsidenten der Europäischen Kommission. Ihre dominante rechte Hand hebt den Zeigefinger und betont damit, dass sie Recht haben will und es offensichtlich mag. Im Kontrast dazu ist er in der Rechtfertigung, will mit der offenen Hand aber auch eine Barriere aufbauen vor dem „Zustechen" des Zeigefingers.

Wilde Gestikulation[32]

In offenen Diskussionen wird häufig mehr gestikuliert, es steht für den Versuch, etwas in die Hand zu nehmen und anzupacken. Doch beide sind in ihrer eigenen Welt beschäftigt, die Blicke gehen aneinander vorbei und sind am Boden. Sie suchen nach weiteren, wahrscheinlich emotiona-

---

[31] Quelle: apa/epa/olivier hoslet
[32] Quelle: apa/epa/hannibal hanschke

len, Argumenten. Die Grenze, die sie mit den Händen zueinander aufbauen, will auch sagen: ich vertrete meinen Standpunkt und weiche nicht davon ab.

Crash an der Börse Ende 2011[33]

Eine Hand über dem eigenen Kopf verrät Unsicherheit, was mit den Informationen anzufangen ist. Die Zärtlichkeit zum eigenen Kopf verlangt nach Vertrauen und Geborgenheit, wenn wir sie im Außen nicht bekommen. Sehen Sie diese Pose bei anderen, fragen Sie lieber nochmals nach, ob weitere Informationen benötigt werden oder ob Bedenken besteht und wie dieses zu klären ist.

---

[33] Quelle: reuters/jo-yong-hak

Merkel und Sarkozy[34]

Zu Zeiten der beginnenden Finanzkrise rückten die zwei Spitzenpolitiker immer enger. Seine geballte Sieger-Faust spricht Bände und wird von dem selbstgefälligen Lachen unterstützt. Er ist sehr zufrieden und vielleicht kennen Sie noch die „Becker-Faust", die eine ähnliche Wirkung auf den emotionalen Zustand des Sportlers hatte wie diese proaktive Pose von Sarkozy. Merkel ist ihm zugewandt und passiv, genießt den Anblick und freut sich mit ihm. Das Verhältnis zwischen den beiden ist in dieser Phase durchaus als freundschaftlich zu beschreiben.

---

[34] Quelle: reuters/yves herman

Falsches Lächeln[35]

Eine sehr typische Mimik, die exemplarisch für „Gute Mine zum bösen Spiel machen" steht. Die Anspannung in Händen, Schultern und um die Mundwinkel ist deutlich zu sehen, das Lächeln nur angetäuscht. Die Augen lachen nicht mit und die Augenbrauen sind starr. Der linke Mundwinkel (vom Leser aus gesehen) ist eine Spur nach unten und zur Seite verzogen, in Kapitel 6.2.3 Mikromimik werden Sie dies als Zeichen für Abfälligkeit und fehlende Wertschätzung kennen lernen. Entweder in Bezug auf Informationen oder das Gegenüber ist es in beiden Fällen ein negatives Signal für ein weiteres Vorgehen – der Rapport fehlt oder wurde gerade gebrochen.

---

[35] Quelle: reuters/heinz-peter bader

In den folgenden Kapiteln werden Sie mit den Augenzugangshinweisen vertraut gemacht, die Ihnen verraten, welche emotionalen Zustände bei der momentanen Erzählung eine Rolle spielen und Sie lernen die Grundlagen der Mikromimik zu erkennen. Damit vertiefen Sie Ihr Wissen, nonverbale Zeichen zu deuten und erhalten einen deutlichen Mehrwert an Information im Vergleich zu einer normalen körpersprachlichen Analyse.

Interessieren Sie sich für detaillierte Interpretationen der Körpersprache und Mimik, empfehle ich Ihnen den Buchtipp am Ende des Buches auf Seite 206.

Zudem erlernen Sie in den nächsten Kapiteln eine höchst effektive Technik, um bewusst emotionale Zustände zu speichern und wieder abrufbar zu machen; sowohl bei sich selbst, als auch bei anderen.

6.2.1 Augenzugangshinweise

Die Augen sind der Spiegel, das Tor zur Seele, so sagt schon ein altes Sprichwort. Tatsächlich sind sie noch viel mehr als das. Kein anderer Muskel im menschlichen Körper wird so oft benutzt wie unsere Augenmuskulatur. Die Augen beherbergen auch die einzigen Muskeln im Körper, welche sich nicht (gänzlich über Dauer) bewusst kontrollieren lassen. Das ist einer der Gründe, wieso viele Pokerspieler eine Sonnenbrille tragen: sie verstecken das Einzige, was sie verraten könnte.

Über unsere Augenmuskulatur, die direkt mit dem präfrontalen Cortex verbunden ist, rufen wir Erinnerungen und Informationen ab und stellen uns Zukünftiges vor. Dies ist die einzige Gehirnregion des Neocortex, die direkt mit dem Hypothalamus (zuständig für die Hormonausschüttung) vernetzt ist. Der präfrontale Cortex ist daher in einer herausragenden Position, um Informationen aus allen sensorischen und motorischen Modalitäten zu synthetisieren. Die Augen lassen uns somit Bilder, Töne, Gefühle und Gedanken abrufen und bewegen sich je nach Gedankengang - auch in eine andere Blickrichtung. Das kennen wir aus der REM (Rapid Eye Movement) Phase im entspannten Schlafzustand, wenn sich die Augen unter dem Lid sehr schnell hin und her bewegen. Früher dachten wir, der Mensch würde den Bildern im Traum „hinterher sehen". Heute ist klar, dass dadurch Informationen abgerufen werden. Ebenfalls tritt diese Augenbewegung auf, wenn Menschen tagträumen. Das erklärt auch, dass blinde Menschen, die nie in ihrem Leben Augenlicht hatten, dennoch während des Denkprozesses ständig ihre Augen bewegen – oftmals stärker als Sehende, da sie nie lernen mussten, ihre Augen zu kontrollieren. Diese Augenbewegungen sind in der Literatur als „lateral eye movements" bekannt, im NLP werden sie als Zugangshinweise der Augen bezeichnet. Es gibt eine angeborene neurologische Verbindung zwischen Augenbewegungen und den Repräsentationssystemen, denn dieselben Muster treten weltweit auf.

Was wird nun genau durch unsere Augenbewegungen abgerufen? Wir unterscheiden hier vorerst grob anhand der Blickrichtung nach oben und nach unten. Wandern die Augen nach oben, visualisiert Ihr Gegenüber gerade, also ruft ein Bild im Kopf ab. Gehen die Augen nach unten, wird entweder „in sich hineingefühlt" oder ein innerer Dialog geführt, zum Beispiel wenn wir mit unserer inneren Stimme abklären, ob uns ein bestimmtes Angebot gefällt. Wichtig zu beachten ist hierbei, dass die Augen sich während des Denkprozesses bewegen und nicht während der verbalen Antwort auf eine Frage – die Information muss natürlich abgerufen werden, *bevor* geantwortet wird. Bleiben die Augen in einer mittigen Position, werden oft auditive Kanäle abgerufen, also ein Geräusch oder Töne. Der Rahmen, in dem diese Blickrichtungen stattfinden, kann je nach Mensch unterschiedlich gelagert sein.

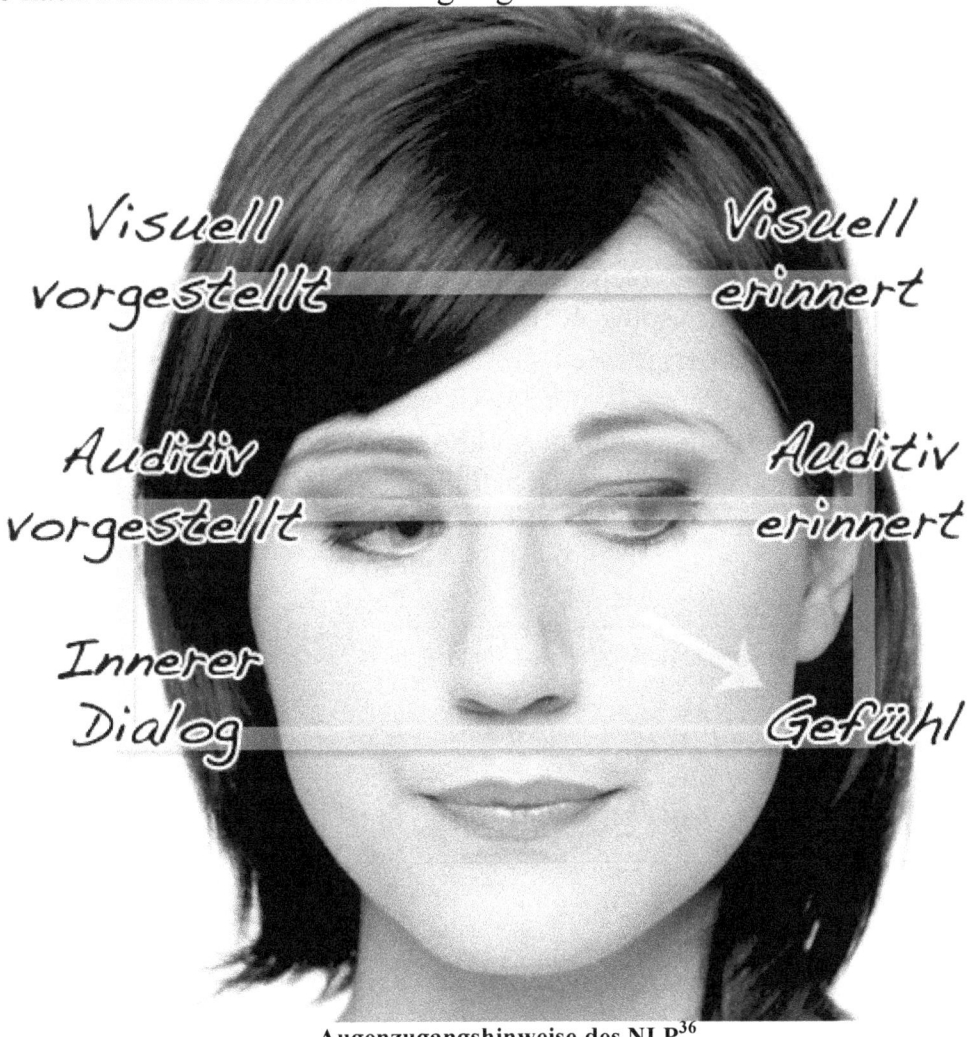

Augenzugangshinweise des NLP[36]

Manch einer wird sehr oft über seinem Kopf Bilder abrufen und wenn in sich hineingefühlt wird, verbleibt der Blick eher mittig. Bei manchen ist der Rahmen eher nach schräg links unten versetzt. Kommunikation ist immer dynamisch und ebenso sind es die Modelle des NLP. Grob zu-

---

[36] Quelle: eigene Grafik

sammengefasst lässt sich jedoch sagen, dass für den Großteil der Menschen der hier vorgestellte Rahmen zutrifft. Die nächste wichtige Unterscheidung findet in der Hemisphäre statt, ob der Blick nach links oder rechts wandert. Wenn Sie Ihr Gegenüber vor sich haben, ist von Ihnen aus gesehen rechts die Erinnerung Ihres Gesprächspartners und links die Vorstellung. Um Gewissheit darüber zu erlangen, ob und welches Modell dieser als Augenzugangshinweise bekannten Blickrichtungen bei Ihrem Gegenüber zutrifft, sollten Sie zu Beginn des Gespräches für sich selbst bewusst Kontrollfragen einbauen. Beachten Sie auch, dass bei Linkshändern die Blickrichtung oft spiegelverkehrt ist, eben aufgrund der weiter oben angesprochenen überkreuzten Gehirnhemisphären. Dieses Modell mag komplex klingen, einmal in der Praxis erfolgreich erlernt und angewendet, unterstützt es jedoch bei der Validation der Aussagen des Gesprächspartners und kann die Gesprächsführung erleichtern. Einige Kontrollfragen sind hier beispielsweise aufgeführt und die erwarteten Blickrichtungen treffen bei den meisten Rechtshändern zu.

„Erinnern Sie sich an das erste Foto, das Sie von sich gesehen haben?"
(Oben rechts)
„Erinnern Sie sich an das erste Lied, das Sie gehört haben?"
(Mitte rechts)
„Wie fühlt sich das Material Ihres Sofas an?"
(Unten rechts)
„Wie sprechen Sie zu sich selbst, wenn Sie sich unwohl fühlen?"
(Unten links)
„Stellen Sie sich vor, wie es klingen würde, einen neuen Ton zu summen."
(Mitte links)
„Stellen Sie sich vor, wie Sie vor Ihrem bisher größten Publikum sprechen!"
(Oben links)

6.2.2 Mimik

In den 1960er Jahren entwickelte der bekannte Psychologe Silvan Tomkins die sogenannte „Facial Feedback Theorie". Diese zeigt, dass unser eigenes emotionales Empfinden auch von der Mimik abhängig ist. Infolgedessen können wir unsere Emotionen und die anderer Menschen auch über unsere Mimik steuern. Wir können also nicht nur lachen, weil wir uns gut fühlen, sondern uns selbst gute Gefühle machen, *indem* wir lachen! Über die Spiegelneuronen[xxxi] überträgt sich diese Emotion zudem noch auf andere Menschen. Dies ist dann auch die wissenschaftliche Begründung dafür, weshalb in Werbeprospekten stets lachende Gesichter zu sehen sind.

In europäischen Kulturen[xxxii] bedeutet etwa:

- die Stirn zu runzeln: Tadel oder Nachdenklichkeit über den Inhalt
- die Unterlippe vorzuschieben und (verstärkend) die Augen zu verdrehen: Ungläubigkeit bzw. Skepsis
- einseitig zu feixen: Spott, Herablassung
- die Nase zu rümpfen und die Nasenlöcher zu blähen: Abscheu bzw. Ekel
- jemanden unverwandt anzustarren: Herausforderung, Demütigung oder Drohung
- die Züge „versteinern" zu lassen: Erhöhung der sozialen Distanz (Hochstatus)

Die Mimik eines jeden Menschen ist individuell geprägt vom persönlichen Erfahrungshintergrund. So zeigen sich im Gesicht häufig bestimmte Ticks und kleinere Neurosen, die als Anker für Glaubenssätze, Verhaltensmuster und Emotionen verstanden werden können. Wichtig ist es, bei der Analyse und Interpretation der Beobachtungen stets auf die wiederholte Handlung (z.B. den immer gleichen Gesichtsausdruck) bei demselben Thema zu achten, um eine echte Verknüpfung feststellen zu können. Zudem sollte besonders in diesem Bereich vor der Projektion eigener Erfahrungen gewarnt werden. Wir sind unser Leben lang darauf trainiert worden, die Mimik anderer Menschen zu deuten. Obwohl unsere Interpretation jedoch nicht immer zielführend zu sein vermag, haben wir keine andere Wahl, als uns die schlechten Einschätzungen schön zu reden. Gründe hierfür erfahren Sie etwa im Kapitel 7.5 Psychologische Phänomene.

Deshalb wollen wir uns im nächsten Subkapitel auf die Mikromimik konzentrieren, da diese tatsächlich angeboren und nicht erlernt ist.

6.2.3 Mikromimik

Zum ersten Mal wurden Mikroexpressionen von Haggard und Isaacs in einer Studie von 1966 beschrieben. Weitläufig bekannt wurden sie durch die Arbeit von Paul Ekman[xxxiii], der 1976 auch das Kodierungssystem FACS entwickelte, mit dem sich diese nur Sekundenbruchteile andauernden Gesichtsausdrücke mit etwas Übung relativ leicht analysieren lassen.

Das Besondere an der Mikromimik ist, dass die sieben beobachtbaren Grundemotionen in allen Kulturen, unabhängig vom sozialen Hintergrund, vorzufinden sind. Sie sind quasi „angeboren" und Teil unserer „Hardware".

Diese sieben universellen Emotionen sind:
- Ekel
- Ärger
- Angst
- Traurigkeit
- Freude
- Überraschung
- Verachtung

Gerade im Seminarkontext werde ich immer wieder mit der Frage konfrontiert, wieso es so viele universelle negative Gefühle gibt und nur so wenig positive Emotionen wie Glück oder Liebe.

Besonders hervorheben möchte ich an dieser Stelle deshalb, dass Paul Ekman zudem 16 positive Emotionen auflistet, die zwar nicht mit der Genauigkeit der sieben oben genannten messbar sind, jedoch ebenso sehr häufig und mit gleichem Ausdruck vorkommen. Dazu gesellen sich allerdings weitaus mehr: die fünf Formen sinnlichen Genießens, Belustigtsein, Zufriedenheit, Erregung, Erleichterung, staunende Ergriffenheit, Ekstase, *fiero*, *nácheß*, das Empfinden eines erhebenden Gefühls, Dankbarkeit und Schadenfeude. *Nácheß* beschreibt die Emotion von übermäßigem Stolz und Zufriedenheit, meist über die Leistung des eigenen Kindes. *Fiero* sind wir beispielsweise, wenn wir die Lösung für eine schwierige Denkaufgabe gelöst haben.

Doch nur die wenigsten Menschen nehmen Mikroexpressionen wahr, weder an sich noch an anderen. Das Wizards-Projekt, geleitet von Ekman und O'Sullivan, sollte die Täuschungsfähigkeit von Menschen untersuchen. Von den mehreren Tausend getesteten Teilnehmern waren nur einige wenige (5 von 2.000) in der Lage zu erkennen, ob jemand lügt.

Es gibt jedoch die Möglichkeit, die grundlegenden Techniken der FACS online zu erlernen. Viele Menschen verbessern ihre Wahrnehmung der Mikromimik durch etwas Training mit diesem Online-Programm deutlich. Ich empfehle Ihnen, der Website von Dr. Ekman einen Besuch abzustattten:

Mikromimik Online-Training (METT):
face.paulekman.com

6.2.4 Ankern

Ein Anker ist die Verknüpfung einer bestimmten Reaktion mit einem Reiz von innen oder außen. Anker können in jedem Repräsentationsmodell (jedem unserer fünf Sinne, also Sehen, Hören, Riechen, Schmecken und Fühlen) gesetzt werden. Jeder Reiz, der mit einem der fünf Sinne wahrnehmbar ist, kann als Anker genutzt werden. Jede Emotion, die bisher erlebt wurde, ist in Ihrer Erinnerung gespeichert und kann mit Hilfe von Ankern jederzeit abgerufen werden.

- Visuelle Anker: Bilder, Blicke, Logos, Umgebung
- Auditive Anker: Lieder, Stimmen, Worte, Jingles
- Kinästhetische Anker: Berührungen, Gefühle
- Olfaktorische Anker: Parfum, Gerüche
- Gustatorische Anker: Geschmäcker

Anker begleiten uns durchs ganze Leben. Schon in der Kindheit prägen sie Sie, der Ehering Ihrer Eltern, vielleicht sogar Ihr eigener, sind die wohl stärksten Anker zwischenmenschlicher Beziehungen. Das Lied, welches bei Ihrem ersten Kuss gespielt wurde oder der Geruch des Meeres, - all das bringt Sie dazu, etwas Bestimmtes zu fühlen. Auch Werbung nützt Anker gezielt, um bei den potentiellen Käufern Gefühle auszulösen: Titelmelodien von Filmen und Serien, der Geruch von Lebkuchen, das Bild eines Sandstrandes. Manche Bäckereien haben Ventilatoren, die den Geruch der frischen Backwaren auf die Straße tragen, um so neue Kunden zum Kauf zu animieren. Bestimmte Fast Food Konzerne verknüpfen jede ihrer Werbungen mit einem Hungergefühl und ankern dieses auf das Unternehmenslogo. Das nächste Mal, wenn Sie spätnachts am Drive In vorbeifahren, erweckt das unbewusste Wahrnehmen des Logos bereits diesen Hunger in Ihnen und Sie bleiben womöglich noch für einen kurzen Snack stehen, obwohl Sie eigentlich direkt nach Hause fahren wollten.

Die Möglichkeiten, Anker in der Beeinflussung einzusetzen, sind endlos und mit jeder gut gemachten Werbung finden Sie Beispiele vor. Aber auch gute Redner nutzen diese Technik, indem sie eine bestimmte emotionale Situation in allen Repräsentationssystemen detailliert beschreiben und damit die gewünschte Emotion evozieren, also im Zuhörer wecken. Diese Emotion kann nun geankert werden, beispielsweise, indem ein bestimmter Begriff wiederholt genannt wird. Es würde sich in diesem Fall um einen inhaltlichen, aber auch auditiven Anker handeln. Drei bis fünf Wiederholungen im richtigen Moment sind im Normalfall ausreichend, um ein Gefühl in Menschen zu verankern. Je unbewusster dem Beeinflussten diese Verankerung ist, umso häufiger empfiehlt es sich, diesen Prozess zu wiederholen. Das Prinzip ist dasselbe wie in der Werbung.

Im direkten Gespräch sind Anker besonders gut dafür geeignet, um andere Menschen schnell aus unerwünschten, einengenden Emotionen in ressourcenreiche Zustände zu führen. Das können Sie natürlich ohne das Einverständnis des Gesprächspartners tun, besser ist aber immer, es erst dann einzusetzen, wenn Ihr Gegenüber versteht, was und warum Sie es tun.

Als Überleitung im Gespräch nutzen Sie beispielsweise folgenden Satz:

> *„Ich weiß, du fühlst dich gerade nicht besonders. Aber gab es vielleicht schon einmal Momente, in denen du dich richtig entspannt gefühlt hast? Stell dir einmal vor, wie das damals war, wie hast du dich gefühlt? Was hast du gesehen?"*

Lassen Sie Ihrem Gegenüber immer genügend Zeit, sich in den nächsten Sinneskanal hineinzudenken. Die Geschwindigkeit, die Menschen dafür brauchen, ist immer unterschiedlich, manchmal schneller, manchmal langsamer, das sagt aber nichts über deren Intelligenz oder sonstige Charaktereigenschaften aus.

So setzen Sie dann einen kinästhetischen Anker:

- Um einen Anker zu setzen, ist es wichtig, Rapport zu Ihrem Gesprächspartner zu haben.
- Machen Sie sich, wenn möglich, im Vorfeld aus, wo der Anker gesetzt werden soll. Besonders geeignet sind Körperstellen, die im Alltag eher selten berührt werden.
- Helfen Sie Ihrem Gegenüber, sich an das gute Gefühl, welches Sie ankern werden, zu erinnern. Achten Sie auf seine Physiologie, während Sie ihm ins Gedächtnis rufen, wie er sich in dem Moment gefühlt hat, was er gesehen hat, welche Geräusche um ihn herum waren, was für einen Geruch er in der Nase und welchen Geschmack er auf den Lippen hatte. Wohin hat er geatmet, wo war der Schwerpunkt seines Körpers, was hat er zu sich selbst gesagt? Lassen Sie ihn das Gefühl noch eine Spur stärker machen.
- Alternativ können Sie auch eine Situation beschreiben, die Ihrem Gegenüber fremd ist. Achten Sie dabei darauf, dass Sie vage genug erzählen, damit sich jeder mit der Geschichte identifizieren kann, bleiben Sie aber auch konkret genug, um das richtige Gefühl isoliert zu wecken.
- Setzen Sie den Anker kurz vor dem Höhepunkt der Erfahrung, indem Sie an der abgesprochenen Stelle für zwei bis fünf Sekunden sanft Druck mit zwei Fingern ausüben (in anderen Sinneskanälen würden Sie nun ein Logo einblenden (visuell), eine spezielle Musikmelodie spielen oder summen (auditiv) oder einen besonderen Duft im Raum einsetzen (olfaktorisch). Oder Sie wiederholen öfters ein bestimmtes Wort oder einen besonderen Begriff, der im Kontext nicht auffällt, aber aufgrund der Wiederholung auf diese Emotion geankert wird.)
- Lassen Sie ihn danach kurz an etwas anderes, möglichst Sachliches denken, um die Emotion kurz zu pausieren (diese Technik nennt sich „separieren").
- Testen Sie nun den Anker, indem Sie die Stelle noch einmal wie vorher berühren. Das Ergebnis ist jetzt schon sichtbar, der ganze Körper und auch der Gesichtsausdruck verändern sich wieder genauso wie zuvor – er ruft gerade das Gefühl ab!

Ein Anker ist das Ergebnis eines Lernprozesses, - das Erlernen einer bestimmten Reaktion auf einen gegebenen Stimulus. Der Griff auf eine
Herdplatte verursacht Schmerzen, deshalb wird ein Kind, welches die
Erfahrung gemacht hat: *„Wenn ich auf den Herd greife, tut das weh!"*,
dieses Gefühl mit der Aktion verknüpfen und in Zukunft vermeiden.

ANKERN - INSTALLATION EINES ANKERS

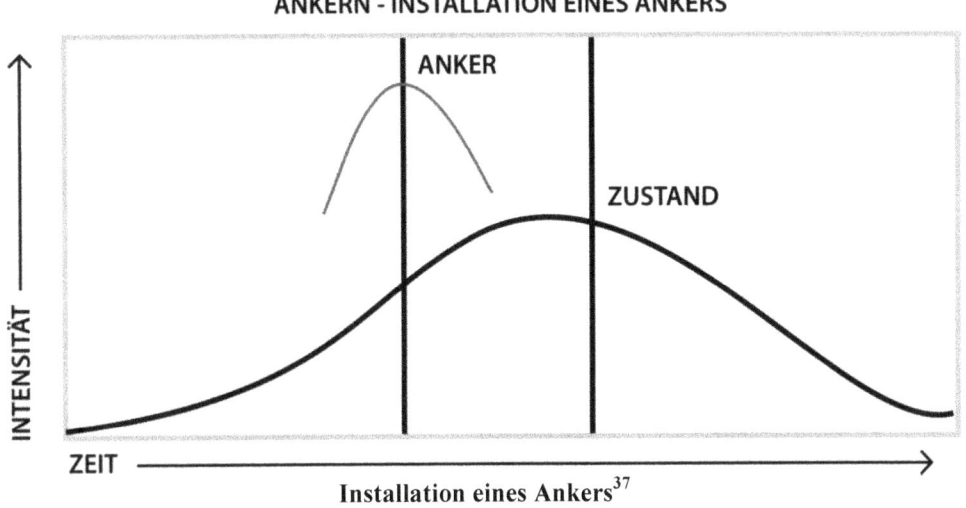

Installation eines Ankers[37]

Wir wiederholen zum Abschluss noch einmal kurz die vier Grundregeln,
um erfolgreich zu ankern:

- Einzigartigkeit des Ankers
- Wiederholbarkeit des Ankers
- Intensität des Zustandes
- Timing des Ankers

Anstelle von bestimmten Gegenständen können Sie zudem aber auch
Bereiche im Raum ankern. Ein Raum ist ja schon selbst ein Anker: Der
Sitzungssaal, Ihr Stammcafé, das eigene Wohnzimmer. All diese Orte
verbinden wir mit bestimmten Emotionen und je klarer wir diese Räum-

---

[37] Quelle: eigene Grafik

lichkeiten auch emotional unterscheiden können, umso leichter fällt uns auch die effiziente Umsetzung der vorgegebenen Leistung.

In einer Präsentation können Sie beispielsweise eine isolierte Emotion auf sich selbst ankern, indem Sie wiederholt auf sich selbst zeigen. Oder Sie nutzen einen Kollegen als Referenz und deuten immer wieder auf ihn, auch ohne ihn bewusst anzusprechen oder anzusehen. Automatisch verknüpfen die anderen Zuhörer nun diese Emotion mit der Person.

Emotionen auf Personen ankern[38]

Sinnvoll können Sie dies etwa einsetzen, um alle positiven Emotionen in einem Gespräch mit Ihrer Person zu verknüpfen, um Vertrauen und Sympathie zu erzeugen. Oder Sie berichten dem Vorstand von den überraschend guten Quartalsergebnissen und durch die Verknüpfung mit Ihrer Person verstärken Sie den Eindruck, dass dies mit Ihrer Person zu tun hat. Einem Fortschritt Ihrer Karriere ist damit sicherlich geholfen. Die

---

[38] Quelle: eigene Grafik

Möglichkeit, diese an sich sehr simple, jedoch sehr mächtige Technik einzusetzen, ist mannigfaltig.

Hier sehen Sie noch einige weitere Beispiele, wie Sie auch etwas subtiler Emotionen oder Inhalte mit sich selbst verknüpfen können, ohne dass es Ihrem Gesprächspartner auffallen würde.

Gefühle mit sich selbst assoziieren[39]

1-4: Dies sind sehr deutliche zielgerichtete Gesten, die auch bewusst wahrgenommen werden, also setzen Sie sie vorsichtig ein. Im linken Bei-

---

[39] Quelle: eigene Grafik

spiel können Sie sich auch auf die Brust tippen - dies ist der wohl intensivste Selbst-Anker. Auch die Hand auf die Brust legen und mit einem Finger dieser Hand tippen ist eine Möglichkeit.

5-8: Das ist der halbbewusste Bereich: Gesten, die noch deutlich genug sind, aber vom kritischen Bewusstsein so gut wie nicht wahrgenommen werden.

9-11: Gesten in der Ruheposition, die sich am besten beim Zuhören eignen (da es sehr merkwürdig wäre, wenn Sie sich die ganze Zeit auf die Brust zeigen würden, während Sie bspw. über die positiven Werte Ihres Gegenübers sprechen). Hier wurde zwar das Bewegungsmoment herausgenommen, doch die Intensität mit einzelnen Fingern oder Gegenständen wieder ausgeglichen.

12: Eine Hand zeigt auf Sie, die andere auf den Gesprächspartner. Diese Geste können Sie benutzen, wenn es nicht um einzelne Personen oder Gegenstände geht, sondern die Beziehung zwischen Personen gebunden werden soll. Auch in Bewegung möglich, abwechselnd mit der einen Hand vorne, dann mit der anderen.

6.3 Stimme & Sprache

Eines der wirkungsvollsten Werkzeuge, das wir haben, um Menschen in emotionale Zustände zu versetzen, ist nicht, wie irrtümlich viele denken, der Inhalt unserer Geschichten, sondern vielmehr die Art, *wie* wir sprechen. Darum ist es auch so wichtig, Rhetorik und Beeinflussungstechniken von einem geschulten Profi zu lernen, da dieser normalerweise mehr Aufmerksamkeit auf diesen Aspekt verwenden wird als ein Laie.

Wir verstehen die Stimme als einen Teil unserer Persönlichkeit und als ebensolchen sollten wir sie auch bewusst pflegen. Häufig[xxxiv] sind die Ursachen für negative Wirkung beim Gegenüber gleich: schlechte Ausdrucksweise, monotone Sprechart und Aussprachefehler. Setzen Sie also bei diesen drei Kategorien an, um sich effizient zu verbessern. Ausdrucksstarke Sprecher verfügen über eine angenehme Melodik und ausreichend Rhythmus. Basis einer guten Stimme sind die richtige Atmung und die trainierte Anwendung der Sprechwerkzeuge. Ebenso essentiell wie das Sprechen ist zudem das Zuhören, was zu einer fortlaufenden Selbstreflektion führen sollte.

Sprechen ist im Grunde nur eine Spezialfunktion des Atmens und als solche auch stark von Stress und Nervosität abhängig. Trainieren Sie also idealerweise auch mit Fokus auf Ihre Atmung, um natürlich, klar und entspannt zu sprechen. Die angenehmste Art ist eine Kombination aus Bauch- und Flankenatmung, wobei der Schwerpunkt auf dem Ausatmen liegen sollte und das Einatmen leicht verkürzt wird. Idealerweise atmen Sie rasch und geräuschlos ein.

Den Sprechrhythmus betreffend, überzeugt meist die Abwechslung, weshalb Sie dynamisch sprechen sollten. Mehr dazu erfahren Sie später im Kapitel 6.3.4 Uptime und Downtime. Variieren Sie die Höhen und Tiefen Ihrer Stimmlagen, die Betonung der Worte und die Lautstärke. Dies erzeugt eine Stimm-Melodie, zu der sich der Rhythmus gesellen sollte. Dieser entsteht durch die richtige Pausentechnik.

Nutzen Sie die Pausen als stilistische Mittel und seien Sie sich bewusst, dass, je eher Sie im Hochstatus sind, umso weniger Ihre Gesprächspartner dazu tendieren werden, Ihnen ins Wort zu fallen. Zu unterscheiden sind die Wirkungspause, die Sie nach einem Wort einlegen, um das soeben Gesagte besser verarbeitbar zu machen, und die Spannungspause, die vor einem Wort eingesetzt wird, um die Erwartungshaltung des Zuhörers zu steigern.

Sprechen Sie nicht in zu langen Sätzen. Forscher haben ermittelt, dass das Auffassungsvermögen der meisten Zuhörer ab 14 Wörtern deutlich nachlässt. Vom Hoch- und Tiefstatus kennen Sie diesen Umstand bereits: Zu leise Stimmen wirken unsicher, zu laute Stimmen ermöglichen oftmals eine Abwehrhaltung im Gegenüber.

Aufgabe: Nutzen Sie zur Analyse der Stimme und Tonalität den Film mit den guten Schauspielern in gehobenen Hollywood-Produktionen, den Sie bereits kennen.

Sehen Sie sich die relevante Szene erneut ohne Tonspur und ohne Untertitel an. Ist dies erledigt, schalten Sie die Originalvertonung hinzu (zumeist Englisch) und achten mit geschlossenen Augen auf die Stimme. Der Inhalt ist nicht relevant, sondern die Art, *wie* gesprochen wird.

Achten Sie auf Sprechgeschwindigkeit, Rhythmus, Tonalität, Klangfarbe usw., bis Sie die Emotion „heraushören" können. Überprüfen Sie Ihre Interpretation mit den Aufzeichnungen oder dem inhaltlichen Kontext der Szene. Sie können diese Übung bei Live-Diskussionen im TV vertiefen.

Generell gilt, wie beim Rapport angesprochen, dass Sie sich auf ein Niveau mit Ihrem Gesprächspartner begeben und dann sanft die Führung übernehmen. Dies trifft auch auf verbaler Ebene zu, indem Sie Ihre Stimmmelodik und Aussprache an Ihr Gegenüber anpassen. Natürlich sollten Sie es auch hier nicht übertreiben, sehr subtil ist dies jedoch über Anpassung von Sprechgeschwindigkeit, leichtem Dialekt und Betonung spezieller Schlüsselwörter möglich.

6.3.1 Tonalität

Die Tonalität bezieht sich vor allem auf die Betonung von Sätzen (bzw. dem Satzende) und unterscheidet dabei drei Arten:

Geht die Stimme am Ende eines Satzes
- nach oben, stellt man eine **Frage**
- bleibt sie monoton, ist es eine **Feststellung**
- nach unten, ist es ein **Befehl**

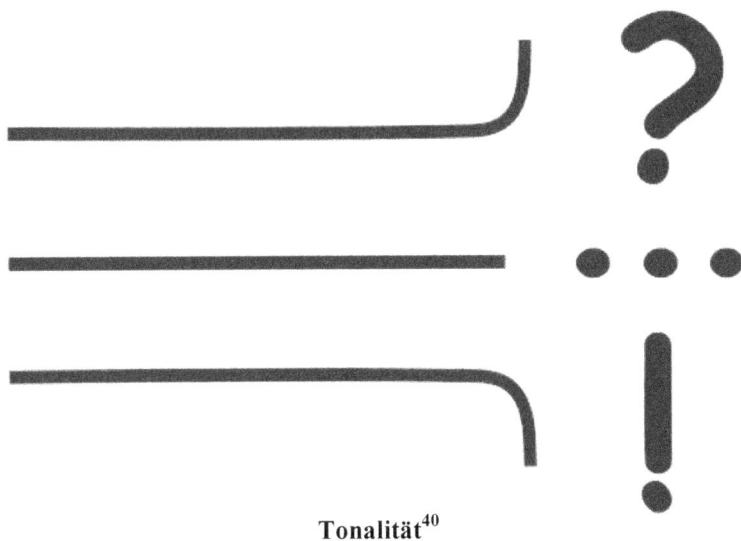

Tonalität[40]

Als erfahrener Sprecher und besonders in der Beeinflussung wird meist nur **Downward Inflection** genutzt, also die dritte Option und damit das Tieferwerden der Stimme mit jedem Satzende. Dies erhöht die Wahrscheinlichkeit, dass der Bitte Folge geleistet wird. Es klingt für das Gegenüber nämlich unbewusst nach einer Aufforderung, obwohl es sich inhaltlich womöglich nur um eine Frage handelt.

Wenn Sie Kinofilme oder Politiker-Interviews genauer analysieren, werden Sie feststellen, dass auch hier meist tiefe Stimmen zum Einsatz kommen. In den Anfängen der Kinogeschichte fand man sogar heraus, dass auch bei Frauen die tieferen Stimmlagen durchwegs beim Publikum besser ankamen, da sie eine beruhigende Wirkung haben. Diese Technik der Downward Inflection mag auf den ersten Blick recht simpel wirken, hat aber eine unglaublich effektive Wirkung beim Gesprächspartner. Probieren Sie es aus, Sie werden überrascht sein, wie leicht es Ihnen nun fällt, Menschen für Ihre Interessen zu begeistern.

---

[40] Quelle: eigene Grafik

In den nächsten Kapiteln fokussieren wir uns immer mehr auf die Inhaltsebene, um Ihr Gegenüber auch auf dieser Ebene bestmöglich zu erreichen.

6.3.2 Repräsentationssysteme

Erinnern Sie sich an das Kapitel 6.2.1 Augenzugangshinweise? Bei einem alltäglichen Gespräch ist es völlig normal, dass der Blick immer wieder zwischen Erinnerung und Konstruktion springt, da wir mehrere Sinneskanäle abrufen und Erlebtes erinnern, um es dann neu zu formulieren (es ist vielleicht sogar schon intern als Bild entstanden). Erst nach oder während der Verknüpfung dieser Informationen wird die Antwort gegeben. Um diese Erkenntnis sinnvoll einzusetzen, ist es hilfreich, am Anfang eines Vorgespräches Fragen zu stellen, die auf bestimmte Sinneskanäle verweisen, um somit zu testen, welche Augenzugänge besonders stark ausgeprägt sind. Über diese Zusatzinformation in der Kommunikation, die auf die **Repräsentationssysteme** hindeuten, in denen der andere denkt, lässt sich nun individueller auf den Gesprächspartner eingehen. Wir können dadurch „in der Sprache des anderen" sprechen.

Wir unterscheiden zwischen folgenden Sinneskanälen:

- **V**isuell (Sehen)
- **A**uditiv (Hören)
- **K**inästhetisch (Fühlen)
- **O**lfaktorisch (Riechen)
- **G**ustatorisch (Schmecken)

Auf Grund der Anfangsbuchstaben sind diese Modalitäten auch als VAKOG-Modell bekannt. Ein visueller Typ wird Sie besser verstehen, wenn Sie in möglichst bunten und lebendigen Bildern zu ihm sprechen. Auditive Typen hören gerne klingende Begriffe. Menschen, die stark im Gefühl leben, brauchen Gewissheit darüber, ob sich alles Gesagte auch passend anfühlt. Hier einige Beispiele für Worte, die auch in der Sprache für diese Sinneskanäle oft benutzt werden. Diese können Sie je nach Gesprächspartner mehr oder weniger einsetzen, um mit noch mehr Wirkung zu kommunizieren. Ebenfalls unterstützen Sie damit die Vorstellungskraft des Klienten bei der Erzählung von Traumreisen und Metaphern.

„Du weißt bereits, wie es ist, angenehme Empfindungen wie die Wärme der Sonne auf der Haut oder Empfindungen, die einen erröten lassen, zu genießen, - manche Menschen sind imstande, sich ihr Lieblingsessen so gut vorzustellen, dass sie es tatsächlich schmecken können. Das Salz und der Geruch des Wassers sind für die meisten Menschen angenehm, wenn sie ihn wahrnehmen. Ich kannte einmal einen Menschen, der nicht erröten konnte, wenn er bestimmte Gefühle über sich erlebte. Wir können uns oft nicht mehr an Erfahrungen erinnern, die uns ärgerten, obwohl wir damals oft die Stirne darüber gerunzelt haben. Auch wenn wir eine Erfahrung gefunden haben, die uns unbewusst bleibt, weil es zu schmerzlich wäre, sich daran zu erinnern, können wir darüber die Nase rümpfen. Viele von uns versuchen, Erinnerungen zu vermeiden, die Tränen fließen zu lassen und doch sind es diese Erinnerungen, die von den wichtigsten Dingen handeln. Wir haben schon alle beobachtet, wie jemand über einen ganz privaten Gedanken lächeln konnte und uns dabei ertappt, dass wir selbst anfingen zu lächeln."

6.3.3 Emotionen evozieren

Erfolgreiche Kommunikation entsteht immer dann, wenn wir mit unserem Gegenüber bestmöglich in Verbindung treten. Besonders in Momenten, in denen es wichtig wird, die Gefühle des anderen anzusprechen, können Techniken des NLP hilfreich sein. So nutzen wir beispielsweise das VAKOG Modell, um alle Sinneskanäle zu erreichen und damit das Erlebnis möglichst lebendig aus der Erinnerung wieder hervorzuholen. Diese fünf Sinneskanäle werden auch als Modalitäten bezeichnet. Je feiner die Eindrücke werden, desto gewichtiger werden die Submodalitäten – die nächst kleineren Bausteine der Sinneskanäle.

Im visuellen Bereich beispielsweise hell und dunkel oder nah und fern, im auditiven Bereich etwa hoch und tief oder laut und leise. Es geht also um die Feineinstellung der Sinne. Führen wir unseren Gesprächspartner, gerade in Momenten, die wir ankern wollen, tiefer in eine Emotion, dann können wir uns verschiedener Fragestellungen bedienen, um die Erinnerung klarer zu machen[xxxv].

Visuelle Submodalitäten

1. Film / Standaufnahme	Ist es ein Film oder eine Standaufnahme?
2. Farbe / Schwarzweiß	Ist das Bild in Farbe oder Schwarzweiß gehalten?
3. Rechts / Links / Mitte	Wo befindet sich das Bild? Rechts, links, mittig?
4. Oben / Mitte / Unten	Befindet sich das Bild oben, in der Mitte oder unten?
5. Hell / Gedämpft / Dunkel	Ist das Bild hell, gedämpft, dunkel?
6. Lebensgröße / Größer / Kleiner	Hat das Bild Lebensgröße, ist es größer oder kleiner?
7. Nähe	In welcher Entfernung zu dir befindet sich das Bild?
8. Schnell / Langsam	Bewegt sich das Bild schnell, in gemäßigtem Tempo oder langsam?
9. Bestimmter Blickwinkel	Befindet sich ständig ein bestimmtes Element im Brennpunkt?
10. Ihr Standort	Bist du Teil des Bildes oder beobachtest du die Szene aus einiger Entfernung?
11. Rahmen / Panorama	Hat das Bild einen Rahmen oder handelt es sich um eine Panoramaaufnahme?
12. 3-D / 2-D	Ist das Bild drei- oder zweidimensional?
13. Besondere Farbe	Gibt es eine Farbe, die dich am meisten beeindruckt?
14. Standpunkt	Betrachtest du das Bild von oben, von unten, von der Seite, usw.?
15. Bestimmte Auslöser	Gibt es noch andere Reize, die starke Gefühle bei dir auslösen?

Kinästhetische Submodalitäten

1. Temperaturveränderung	Hat eine Temperaturveränderung stattgefunden? Heiß oder kalt?
2. Oberflächenstruktur	Hat eine Veränderung der Oberflächenstruktur stattgefunden? Rau oder weich?
3. Starr / Flexibel	Ist sie starr oder flexibel?
4. Vibration	Sind Vibrationen zu spüren?
5. Druck	Hat der Druck zu- oder abgenommen?
6. Druckquelle	Wo befand sich der Ausgangspunkt des Drucks?
7. Anspannung / Entspannung	Hat die Anspannung oder die Entspannung zugenommen?
8. Bewegung	Richtung/Geschwindigkeit. War eine Bewegung zu verzeichnen? Wenn ja, in welche Richtung und mit welcher Geschwindigkeit?
9. Atmung	Welche Atemtechnik? Wo begann/endete sie?
10. Gewicht	Schwer oder leicht?
11. Stetig / Intervalle	Sind die Gefühle anhaltend oder werden sie in Abständen ausgelöst?
12. Größe / Formveränderung	Hat sich die Größe oder Form verändert?
13. Richtung	Sind die Gefühle in den Körper ein- oder sind sie ausgeströmt?
14. Bestimmte Auslöser	Gibt es noch andere Reize, die starke Gefühle in dir auslösen?

Auditive Submodalitäten

1. Selbst / Andere	Sagst du etwas zu dir selbst oder hörst du etwas von anderen?
2. Inhalt	Was genau sagst oder hörst du?
3. Die Art, wie es gesagt wird	Wie sagst oder hörst du es?
4. Lautstärke	Wie laut ist das Gesagte?
5. Klangcharakter	Wie ist der Klangcharakter beschaffen?
6. Tempo	Wie schnell wird es gesagt?
7. Quelle	Woher stammen die Laute/Geräusche?
8. Harmonie/Kakophonie	Sind die Laute harmonisch oder gibt es Dissonanzen?
9. Regelmäßig / Unregelmäßig	Sind die Laute regelmäßig oder unregelmäßig zu hören?
10. Modulation	Ist die Stimme moduliert?
11. Bestimmte Worte	Werden bestimmte Worte betont?
12. Zeitdauer	Wie lange sind die Laute zu vernehmen?
13. Einzigartigkeit	Was ist an diesen Lauten so einzigartig?
14. Bestimmte Auslöser	Gibt es noch andere Reize, die starke Gefühle in dir auslösen?

Wichtig: Unterscheiden Sie zwischen Körperempfindungen (Gefühlen, die im Körper spürbar sind) und Emotionen (Meta-Gefühlen). Meta-Gefühle sind bewertende Emotionen, in denen die Informationen aus allen Sinnen einfließen. Körperempfindungen sind ausschließlich spezifische Gefühle, wie zum Beispiel ein angenehmes Wärmegefühl in der Brustgegend. Meta-Gefühle dienen bei der Arbeit mit Submodalitäten lediglich als Überprüfung für die Wirkung bestimmter Submodalitäten.

Nutzen Sie die Repräsentationssysteme und die Submodalitäten Ihres Gegenübers, um deutlich schneller Rapport herzustellen. Zudem können Sie mit den Submodalitäten die Emotionen verstärken, die Sie ankern möchten.

6.3.4 Uptime und Downtime

In **Uptime** ist die Aufmerksamkeit nach außen gerichtet, auf das Geschehen rund um uns und die Umwelt, in unserem Standardfall auf den Gesprächspartner. Es gibt keinen inneren Dialog, keine bildlichen Vorstellungen und keine emotionale Anspannung. Das gesamte sensorische Gewahrsein ist auf die äußere Umgebung im Hier und Jetzt konzentriert. Die Zustände der Meditation, des Gebets und der Selbsthypnose ähneln denen der Uptime, insofern für sie alle Folgendes charakteristisch ist:

- der Gebrauch der peripheren Sehfähigkeit
  (im Gegensatz zur zentralen bzw. mittigen)
- Fokussieren auf äußere Geräusche
  (und das Fehlen eines inneren Dialogs)
- eine entspannte Physiologie
  (keine übermäßige emotionale oder körperliche Anspannung)

Downtime beschreibt den Zustand des nach innen gerichteten Fokus, wenn wir inneren Dialog führen oder vor uns hin träumen. Träumen, ein Zustand veränderten Bewusstseins oder ein „anders als bewusster Zustand", kann ebenfalls als Intensivierung der Denk- und Lernprozesse und zur Revision und Integration neuer Informationen genutzt werden. Träumen kann helfen, Antworten auf Fragen zu finden, denn das Unbewusste denkt nicht wie das Bewusste, sondern es verarbeitet, indem es Beziehungen und Muster beeinflusst. Das Unbewusste arbeitet meist metaphorisch, besonders in echten Träumen, und lernt deshalb auch besser durch Metaphern und Anekdoten. Arbeiten Sie also daran, eine bildhafte Sprache, am besten in Kombination mit VAKOG, zu entwickeln und verpacken Sie die gewünschten Inhalte in kleinen Geschichten.

Meistens wechseln sich diese Phasen der Up- und Downtime kontinuierlich ab, was sich ebenfalls die Gesprächshypnose zu Nutze macht, die Sie im nächsten Kapitel kennen lernen werden. Natürlich können wir unsere Aufmerksamkeitsstärke selbst steuern: bei einem spannenden Film sind wir viel aufmerksamer als bei einer langweiligen Radiosendung. Es ist normal und wichtig, dass kurze Downtime Phasen beim Zuhörer auftreten, da hier über den Inhalt reflektiert wird. Dauern diese jedoch länger an und schweifen die Gedanken des Zuhörers ab, hat dies für das aktuelle Gespräch nicht ganz so gute Folgen, da die Wirkung abgeschwächt wird und der Eindruck beim Plenum entsteht, der Inhalt der Präsentation sei langweilig. Dazu kommt noch, dass wichtige Information, die wir geben, während das Publikum in Downtime ist, wenig bis gar nicht verarbeitet wird und damit schlichtweg die Botschaft nicht ankommt! Setzen Sie wichtige Informationen also in Uptime und wiederholen Sie sie bestenfalls, um möglichst alle Zuhörer zu erreichen. In diesem Zustand lernen Menschen besser und schneller, weshalb Uptime auch als wichtige Voraussetzung für Lerneffekte gilt.

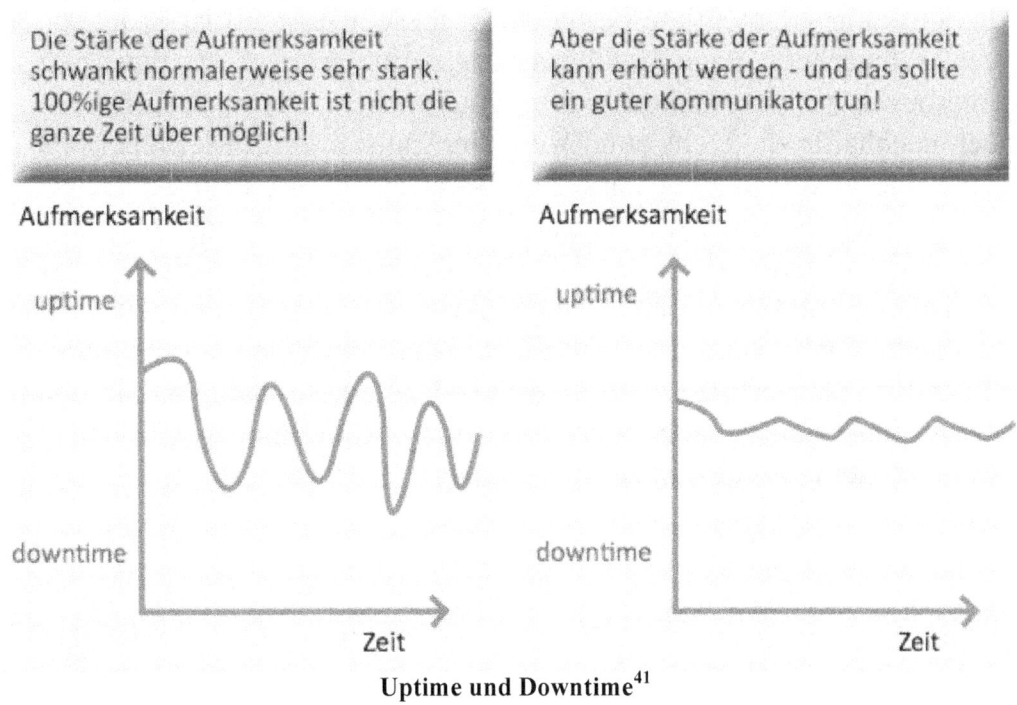

Uptime und Downtime[41]

---

[41] Quelle: eigene Grafik

Diese gesteigerte Fremd- und Selbstwahrnehmung erfordert vom Sprecher eine beständig hohe Uptime, die Sportler auch unter dem Begriff der *Vigilanz* kennen: eine hohe Konzentration und Sinnesschärfe über lange Zeiträume hinweg, so wie es beispielsweise und besonders beim Tischtennis essentiell ist, erfordert nämlich ein Höchstmaß an Übung und Routine.

6.3.5 Gesprächshypnose

Die meisten Menschen haben der Hypnose gegenüber eine Abwehrhaltung. In den Medien wird sie häufig als manipulativ bezeichnet. Dabei handelt es sich dabei lediglich um einen ganz natürlichen Zustand unseres Bewusstseins, bei dem sich die Außenwahrnehmung einschränkt und wir uns in völliger Downtime befinden. In diesem Zustand ist es jedoch möglich, sehr schnell neue Glaubenssätze zu integrieren, die dauerhaft im Unterbewusstsein verankert bleiben und wirken. Damit beeinflussen sie auch nachhaltig die Denk- und Verhaltensmuster eines Menschen. Es ist also keine Überraschung, dass die TV-Werbung zur Prime Time so viel mehr kostet als sonst. Hier laufen nicht nur die spannendsten Inhalte und die meisten Menschen haben Zeit zum Zusehen, sondern die Zuseher sind meist auch müde von einem langen Arbeitstag und wollen nur noch „abschalten". Wir wissen, dass sich die meisten Menschen bereits innerhalb kürzester Zeit, oftmals in weniger als 3 Minuten, nachdem sie den Fernseher eingeschaltet haben, bereits in einem tranceähnlichen Zustand befinden, in dem Suggestionen wie die von Werbebotschaften besser wirken.

Doch es ist auch möglich, diesen speziellen, auch als „Alpha-Zustand" bezeichneten Moment über die Sprache und Wortmelodik zu erzeugen. In diesem Fall sprechen wir von Gesprächshypnose, denn der Zuhörer wird während einer normalen Unterhaltung in diesen entspannten Zustand überführt, ohne dass er es bewusst bemerken würde.

Diese Trancezustände wurden von Dr. Richard Bandler und John Grinder, den Erfindern von NLP, vor allem in Zusammenarbeit mit dem bekannten Hypnotherapeuten Milton Erickson erforscht. Erickson war seit seinem 19. Lebensjahr durch Polio gelähmt und lernte die Außenwelt auf andere Art zu beeinflussen als viele seiner Mitmenschen: Er konzentrierte sich größtenteils auf seine Stimme und erkannte, dass der Inhalt im Vergleich zum Gebrauch, also dem *Wie*, von verschwindend geringer Wichtigkeit war. Durch die Entwicklung dieser Fähigkeit wurde er zu einem weltbekannten Hypnotherapeuten, der tief greifende Glaubenssatz- und Veränderungsarbeit mittels Gesprächshypnose leistete. Bandler, damals noch auf der Universität, durfte bei vielen seiner Sitzungen anwesend sein und kam hinter das Geheimnis seiner hypnotischen Fähigkeiten: wie er seine Stimme einsetzte und welche Sprachmuster er anwandte, um Menschen schnell und unbemerkt in tiefe Trancezustände zu führen. Erickson betonte, im Gegensatz zu Freud, dass das Unbewusste eine besonders positive Wirkung auf uns habe, da es eine wertvolle und unbegrenzte Ressource darstelle. Es beinhalte alle Erfahrungen und Fähigkeiten eines Menschen, die jedoch meist nicht bewusst genutzt würden. In Trance findet der Hypnotisierte diese unbewussten Ressourcen wieder und aktiviert sie, um positive Veränderung schnell und erfolgreich zu bewirken. Das Unbewusste ist die Quelle aller positiven Energie und verborgener Fähigkeiten und Werte, die uns als Mensch ausmachen. Tad James listete einige sehr treffende Fähigkeiten auf, die das Unbewusste beschreiben:

- Steuern und Erhalten der Körperfunktionen
- Kommunizieren mit dem Bewusstsein
- Speichern und Abrufen von Erinnerungen
- Erzeugen und verarbeiten von Emotionen
- Organisieren von Erinnerungen
- Verdrängen von negativen, unaufgelösten Erinnerungen
- Aufnahme, Filterung und Weiterleitung aller Sinneseindrücke an das Bewusste
- Erzeugen von Verhaltensmustern und Reaktion mit denselben

Folgende Eigenschaften rechnete James dem Unbewussten zu:

- Es funktioniert ohne „Teile" als Ganzes, als Einheit
- Es kennt den Körper, - in aktuellen und früheren Zuständen
- Es kennt perfekte Gesundheit und Entspannung
- Es verarbeitet Information wortwörtlich und persönlich
- Es befolgt Anweisungen und Befehle
- Es erzeugt, speichert, verteilt und überträgt „Energie"
- Es arbeitet nach dem Prinzip der geringsten Anstrengung und des geringsten Widerstandes

Wenn Sie die Techniken aus dem Kapitel 7.4 Information verschleiern: Milton-Modell einsetzen, ist dies bereits eine Variante der Gesprächshypnose. Diese Sprachmuster entstammen nämlich u. a. Milton H. Erickson und wurden von ihm eingesetzt, um Menschen unbemerkt in Trance zu führen.

Ihr Hauptfokus sollte jedoch auf dem Einsatz Ihrer Stimme liegen. Stellen Sie sich den Einsatz der Sprachmuster dabei als inhaltlichen Bonus vor, wobei wieder einmal der Prozess, also das, was den meisten Menschen bewusst verborgen bleibt, ausschlaggebend ist.

Ablauf: Setzen Sie bewusst Akzente in Ihrem Gespräch und beginnen Sie mehr und mehr, ein einseitiges Gespräch mit Ihrem Gegenüber zu führen. Der Übergang sollte dabei fließend sein und nicht zu sehr auffallen. Hören Sie einfach auf, aktive Fragen zu stellen, und belassen Sie es bei rhetorischen, auf die Sie die Antwort selbst geben. Nun werden Sie im Vergleich der ersten zwei bis fünf Minuten in den nächsten fünf Minuten eine Spur langsamer in Ihrer Erzählung. Es ist nicht notwendig, in „Slow Motion" zu erzählen, doch einen Tick langsamer sollte es schon sein. Lassen Sie Ihre Stimme eine Spur tiefer werden und bauen Sie bewusst minimal längere Pausen ein. Achten Sie auf die Atmung Ihres Gegenübers, denn sie ist der ausschlaggebende Indikator dafür, ob Ihre Gesprächshypnose erfolgreich ist. Wird die Atmung langsamer und flach, ist die Person auch von der Physiologie ruhiger und von der Mimik nach innen gekehrt? Kurz gesagt: Erkennen Sie, dass der Zuhörer sich mehr und mehr in Down Time befindet? Dann erzählen Sie weiter und arbeiten mit Methoden wie der analogen Markierung oder Sprachmustern des Milton Modells, um die Suggestionen gezielt zu platzieren.

6.3.6 Der Aufbau von Suggestionen

Ein wichtiger, wenn nicht sogar der wichtigste Anteil der Gesprächshypnose – aber auch anderer Beeinflussungstechniken - sind die so genannten Suggestionen (lat. Suggestio: „Hinzufügung"). Eine Suggestion ist ein Gedanke, bzw. eine Idee, die umgesetzt werden soll. Dabei ist es zuerst unwichtig, ob es sich um eine Fremdsuggestion oder eine Eigensuggestion handelt. Damit eine Suggestion ihre Wirkung entfalten kann, muss sie angenommen werden. Aber dies geht nicht immer so einfach. Wir haben uns durch unser Leben Sicherheitsmechanismen aufgebaut, die verhindern, dass wir einfach jede neue Idee annehmen. Was einen sinnvollen Schutz vor Manipulationen darstellt, kann einem im Weg stehen, wenn es darum geht, gewünschte neue Ansätze in unser Leben zu integrieren.

Um diesen Schutz zu umgehen, gibt es mehrere Möglichkeiten, auf die im Folgenden eingegangen werden soll.

Autorität
Wenn uns Autoritäten etwas sagen, nehmen wir es an. Egal, ob es die eigenen Eltern sind oder es ein Arzt ist. Allein aufgrund der Autoritätsstellung wird die Aussage nicht hinterfragt. „Wissenschaftler haben herausgefunden, dass ..." ist ein passendes Beispiel für nicht hinterfragte Autorität. Wir könnten fragen: Welche Wissenschaftler? Wie haben sie das herausgefunden? Wurden das Ergebnis und die Feldstudie selbst kontrolliert? Wie oft wurde das Experiment durchgeführt? Solche und ähnli-

che Fragen machen schnell deutlich, dass nicht jeder Information blind zu vertrauen ist.

Konsequente Wiederholung

Wenn wir eine Sache nur oft genug gesagt bekommen, werden wir früher oder später daran glauben. Dieser Ansatz birgt jedoch eine Gefahr! Wenn wir uns immer wieder sagen: „Ich bin schön!", uns aber nicht wirklich für schön halten, kann es geschehen, dass an das „Ich bin schön" eine kleine, fast nicht wahrnehmbare Ergänzung unbewusst angehängt wird: „Aber das stimmt nicht, ich bin hässlich" oder Vergleichbares, Sie erinnern sich bestimmt an das Vorwort. Und dieses Anhängsel kehrt die Bemühungen ins Gegenteil.

Ablenkung

Wenn wir abgelenkt werden, zum Beispiel durch das Fernsehen, werden die Informationen viel weniger hinterfragt und viel bereitwilliger angenommen. So funktioniert Werbung und dies ist auch ein Ansatz, der in der Hypnose verwendet werden kann. Beispielsweise mit der Fixationsmethode, die unsere bewusste Wahrnehmung auf einen unwichtigen Punkt fokussieren lässt, während die Befehle des Hypnotiseurs an das Unterbewusstsein dringen und Trance entstehen lassen.

- Eine schöne Verpackung

Eine schön verpackte Suggestion wird leicht angenommen, da wir die Verpackung gerne haben wollen. Ein Beispiel dazu finden Sie gleich im nächsten Absatz mit „Ich erlaube mir ... zu sein!"

Der passende Bewusstseinszustand

Wir können auch einen Bewusstseinszustand herstellen, der es uns erlaubt, Suggestionen leichter anzunehmen, das bedeutet im Kontext der Hypnose, dass wir in Trance, den Alpha-Zustand, gehen. Im normalen Coaching ist von einem „ressourcenvollen" oder „ressourcenreichen" Zustand die Rede. In einem solchen Bewusstseinszustand ist es dem Klienten möglich, sich kreativ und zielführend zu verhalten und neue

Lösungsansätze für bekannte Probleme zu finden. Der Gegensatz hierzu wäre der „ressourcenleere" Zustand oder „eingeschränkte Ressourcenzustand". Mehr zu diesem Thema finden Sie in Kapitel 5.

Anhand der oben genannten Beispiele ergeben sich einige „Regeln" für gute Suggestionen.

Die Suggestion muss geglaubt werden können

Damit eine Idee angenommen werden kann, muss sie als „wahr empfunden" werden. Das bedeutet nicht unbedingt, dass sie wahr sein muss. Es reicht das *Gefühl*, dass sie wahr ist. Es kann sinnvoll sein, sich einem Thema langsam zu nähern – Stück für Stück.

„Ich bin ...!" hat die stärkste Kraft, aber auch die höchste Gefahr des oben genannten Widerspruches.

„Ich wähle ... zu sein!" entschärft den möglichen Widerspruch, hat aber weniger Kraft.

„Ich erlaube mir ... zu sein!" ist noch sanfter.

Eine wunderbare Formulierung ist: *„ Wie wäre es, wenn ...?"*. Sie erlaubt einem, eine Idee anzunehmen, da die Frage ein inneres Bild erzeugt, jedoch kein direktes: „Das ist aber nicht wahr".

Die Suggestion sollte motivierend sein

Erinnern Sie sich noch an die schöne Verpackung? Wenn eine Suggestion ein gutes Gefühl auslöst, wird sie viel lieber angenommen. Beispielsweise hat ein: *„Ich bin so glücklich, 70 kg zu wiegen und genau das wiege ich!"*, eine ganz andere Wirkung als ein einfaches: *„Ich wiege 70 kg."*

Sie sollte positiv formuliert sein

Denken Sie nicht an den rosa Elefanten. Dieses Beispiel hat schon wilde Diskussionen ausgelöst, ob das Unbewusstsein nun das Wort „nicht" versteht oder nicht. Tatsächlich ist es so, dass unser Wachbewusstsein das „nicht" nicht direkt verarbeiten kann (wir denken an den rosa Elefanten), unser Unterbewusstsein aber sehr wohl. Deshalb ist es auch essentiell, genau auf die Formulierung der Suggestion zu achten. Zudem ist die Tatsache wichtig, dass etwas erst gedacht werden muss, um es dann nicht zu denken. In dem oben genannten Beispiel muss also erst der rosa Elefant da sein, bevor nicht mehr an ihn gedacht wird. Und das Ganze birgt auch wieder eine Gefahr: jede bildhafte Vorstellung hat die Tendenz, sich zu verwirklichen. Dass jetzt spontan ein rosa Elefant entsteht, ist zwar unwahrscheinlich, es ist nur ein Beispiel. Anders sieht es aber zum Beispiel mit dem Rauchen aus. Wenn ich erst ans Rauchen denke, bevor ich ans Aufhören denke, habe ich zwei widersprüchliche Vorstellungsbilder. Welches wird sich nun verwirklichen? Mögliche Varianten sind:

1) Das Bild vom Nichtrauchen ist viel stärker als das des Rauchens. Sehr gut. Das Nichtrauchen wird sich verwirklichen.
2) Beide Vorstellungen sind gleich stark. Es wird sich nichts verändern, alles bleibt beim Alten. Nicht ganz: Es gibt einen inneren Konflikt, der Kraft kostet.
3) Die Vorstellung vom Rauchen ist stärker. Der Effekt: das Rauchen verstärkt sich.

Zielsuggestionen oder Prozesssuggestionen
Prinzipiell gibt es zwei verschiedene Möglichkeiten von Suggestionen. Die erste umfasst all jene Suggestionen, die ein Ziel als bereits erreicht beschreiben: *„Ich lebe rauchfrei."* Oder: *„Ich wiege 70 kg."*

Die zweite Gruppe beschreibt den Weg zum Ziel: *„Zigaretten werden immer unwichtiger."* Oder: *„Ich werde dünner und dünner."*

Beide haben ihre Vorteile, aber auch ihre Nachteile:

- Eine **Zielsuggestion** ist eindeutig und kann eine starke Anziehung auf uns ausüben. Sie verliert aber an Kraft, je näher wir unserem Ziel kommen.
- Eine **Prozesssuggestion** gibt kein eindeutiges Ziel vor, an dem wir uns orientieren könnten. Sie erlaubt aber eine kontinuierliche Verbesserung, weit über ein Ziel, das wir uns vorstellen können, hinaus.

Wenn Sie Suggestionen in Ihre Gespräche, Texte oder Vorträge einbauen, dann achten Sie darauf, dass Sie unterschiedliche Synonyme für denselben Inhalt (dasselbe Ergebnis oder den neuen Glaubenssatz, den Sie zu programmieren wünschen) verwenden. Damit ist es schwieriger, die Suggestionen zu entdecken, und zudem bieten Sie dem Unterbewusstsein mehrere Wahlmöglichkeiten, damit es sich jene herauspicken kann, die ihm am besten gefällt. Wiederholen Sie die Suggestionen mehrmals, um die Einbettung sicherzustellen, aber auch, wenn der Zuhörer bei dem ein oder anderen Mal abgelenkt oder nicht im richtigen Bewusstseinszustand war. Nutzen Sie zudem Techniken wie jene des analogen Markierens, um die Wichtigkeit der Suggestionen für das Unterbewusstsein hervorzuheben.

6.3.7 Posthypnotischer Befehl

Der posthypnotische Befehl ist eine wirkungsvolle Verknüpfung einer typischen Suggestion mit einer Handlungsanweisung. Beispielsweise würde derselbe Befehl, etwa *"Bring Person XY diesen Umschlag!"* während einer normalen Hypnose sofort ausgeführt werden. Mittels eines posthypnotischen Befehls wird dieses Kommando erst später ausgeführt, wenn der Gesprächspartner wieder zurück im wachbewussten Zustand ist. Den meisten nur aus Spionage-Thrillern oder TV-Serien bekannt, wird diese Technik in der klinischen Hypnose häufig zur Verfestigung der positiven Suggestionen eingesetzt. Hier zum Beispiel zur Bestärkung des eigenen Glaubens an das neu gewonnene Selbstvertrauen:

> *"Mit jedem positiven Ereignis, das du erlebst, mit jedem guten Feedback bestärkt sich dein neuer Glaubenssatz, dass du schon jetzt viel selbstbewusster bist."*

Gerade auch in der Showhypnose wird der posthypnotische Befehl genutzt, um Effekte vorzuführen, wenn die eigentliche Trance bereits beendet scheint. So kann durch Hinzufügen eines Code-Wortes oder eines anders gearteten Ankers (etwa ein bestimmtes Lied oder ein symbolischer Gegenstand) dieses Verhalten bewusst durch den Hypnotiseur ausgelöst werden; egal, oder der Klient dies erwartet oder nicht und noch in Hypnose versetzt ist oder nicht.

> *"Wann immer du dieses Musikstück hörst, wirst du ganz automatisch und fest davon überzeugt sein, dass ... ."*

Nutzen Sie den posthypnotischen Befehl mit Bedacht, denn er bringt große Verantwortung mit sich. Wann immer Sie im Gespräch mit anderen Phrasen wie die obige hören, sollten Sie sich deshalb umso mehr bewusst fragen, was gerade bei Ihnen versucht wird zu beeinflussen.

6.4 Zusammenfassung

In diesem Kapitel haben Sie die wirkungsvollen Effekte des KGS-Prinzips kennen gelernt. Es steht für: Körper, Gesicht (Mimik) und Gestik sowie für Sprache (inhaltlich) und Stimme (Tonalität und Sprechweise). Zudem haben Sie das Status-Gesetz der nonverbalen Kommunikation und die Bedeutung von Rapport für die Entstehung und Verfestigung von Sympathie kennen gelernt. Das Evozieren von Emotionen mittels VAKOG und Submodalitäten nutzen Sie als Grundlage für die Technik des Ankerns, um neue Glaubenssätze und Verhaltensmuster zu programmieren. Die Wirkung dieses Werkzeuges verstärken Sie durch die korrekte Formulierung von Suggestionen und verfestigen sie mit dem posthypnotischen Befehl.

KAPITEL 7: MANIPULATIONS-METHODEN

Im folgenden Kapitel lernen Sie die zentralen Beeinflussungsmittel der zwischenmenschlichen Kommunikation. Viele andere Bücher bieten teilweise detailliertere Anleitungen, doch der Praxisanspruch dieser Publikation macht es nötig, jene rhetorischen Mittel aufzuzeigen, die auch wirklich umgesetzt werden können. Somit finden Sie hier eine Vielzahl einfacher Praktiken, die sich jedoch durch einen besonders hohen Wirkungsgrad auszeichnen. Damit ist gewährleistet, dass Sie mit minimalem Aufwand maximalen Output erzielen.

Sämtliche der in diesem Kapitel vorgestellten Techniken sind inhaltlicher Natur und somit vom Medium unabhängig. Möchten Sie sie im direkten Gespräch nutzen, empfiehlt sich die Unterstützung mittels der Techniken der nonverbalen Kommunikation, die Sie aus KAPITEL 6: DAS KGS-PRINZIP kennen.

Sie lernen hier gezielt zu informieren und desinformieren, Worte umzudeuten und für das Unterbewusstsein besonders hervorzuheben, Informationen aufzudecken, die verborgen bleiben sollen, als auch jene zu verschleiern, die Sie nicht offen legen wollen, die Arbeit mit Werten und Glaubenssätzen, um Menschen über ihre Grundwerte zu erreichen, und die 10 Beeinflussungsstrategien von Timsit.

In Kombination, insbesondere mit Kapitel sechs, haben Sie damit einen rhetorischen Werkzeugkoffer an der Hand, der sich universell einsetzen lässt und Ihnen unzählige, praxisnahe Möglichkeiten der Beeinflussung bietet. Gleichzeitig ist es Ihnen erst jetzt möglich, sich vor ebendiesen Mitteln gekonnt zu schützen; und zwar indem Sie diese Methoden nicht nur kennen gelernt, sondern auch Ihre Wirkung durch eigene Anwendung erlebt haben.

7.1 Informationsfluss steuern

Kommunikation in personenbezogenen Netzwerken geschieht häufig auf verbaler Basis, doch gerade in der New Economy oder bei internationalen Kooperationen werden viele Informationsflüsse über das Internet koordiniert. In solchen Kooperationen, die ihre Informationen über virtuelle Netzwerke miteinander austauschen, kommen dabei häufig Grouware-Applikationen zum Einsatz. Aber auch außerhalb von Unternehmen kommunizieren wir heute viel öfter über digitale Medien: Wir lesen unsere Zeitung online, verabreden uns über Chats und E-Mail, informieren unsere Freunde über Facebook, wo wir uns gerade aufhalten oder was wir tun. Allein das erzeugt bereits ein verzerrtes Abbild der Realität. Kürzlich durchgeführte Studien zeigen auf, dass viele Menschen dazu tendieren, ihr Leben auf sozialen Netzwerken wie Linked In, Xing oder Facebook positiver darzustellen, als sie es in Wirklichkeit empfinden, bzw. nur jene Episoden mit der Öffentlichkeit teilen, die sie in guter Stimmung zeigen. Menschen jedoch, denen es gerade nicht so gut geht, gewinnen dadurch schnell den Eindruck, dass sie völlig allein sind mit ihrer unangenehmen Lebensphase und es allen anderen deutlich besser geht. Durch diese erzwungene selektive Wahrnehmung erhöht sich die Wahrscheinlichkeit einer depressiven Phase deutlich[xxxvi].

Auf Grund einer Studie, die ich selbst während meines Studiums durchgeführt habe, kam ich zu folgenden Erkenntnissen[xxxvii]:

- Virtuelle Meetings können reale Treffen nicht ersetzen.
- Die Regelmäßigkeit von Meetings fördert den Informationsfluss.
- Die Macht über Informationen ist die entscheidende in Netzwerken.
- Die zeitliche Komponente ist besonders wichtig.
- Der Ablauf von Meetings involviert die Phasen Organisation, Meinungsaustausch und gemeinsame Entscheidung.

Somit sind, sowohl im beruflichen als auch im privaten Kontext, physische Treffen bedeutend und sollten deshalb auch nicht durch virtuellen

Komfort ersetzt werden, insbesondere, wenn es um für Sie kritische Themen geht.

In vertrauensvollen Beziehungen lässt sich, dank des direkten und intensiven Informationsflusses, eine beschleunigte Wissensbildung feststellen und ein erhöhtes Innovationspotential ist zu erkennen[xxxviii]. Dennoch sollte eine gewisse Distanz gewahrt bleiben, um ein Informationsgefälle zu erzeugen. Meistens treffen sich also nur jene Personen, die direkt mit der Aufgabe oder der strategischen Planung in Zusammenhang stehen, und nicht alle gemeinsam. Handelt es sich beispielsweise um ein Unternehmen, sichern sich die Geschäftsführer dadurch ihre Stellung als Entscheidungsträger und Machthaber in dem Netzwerk, da jede Information durch ihre Hände gehen muss, bevor sie die anderen Netzwerkteilnehmer erreicht. Es lässt sich hier von einer Machtausübung, aber auch -erhaltung mittels Informationskontrolle sprechen.

Je gebündelter die Entscheidungsmacht vorzufinden ist, umso zentraler sich die Information steuern lässt, desto einfacher ist es, eine Botschaft auf allen Ebenen zu kommunizieren. In unterschiedlichen Abwandlungen versteht sich, passend für die richtige Zielgruppe. So handelt nicht ein Unternehmen im eigenen Interesse, sondern ist meist Teil einer Konzerngruppe, welche wiederum am Aktienmarkt vertreten ist und durch externe Besitzer beeinflusst, wenn nicht sogar bei Mehrheitsbesitz gesteuert wird. Natürlich mag dies nach Verschwörungstheorien klingen, doch machen Sie sich selbst ein Bild davon, indem Sie durch den Supermarkt gehen und diese Grafik bei sich tragen. Es wird Ihnen womöglich schwer fallen, Ihre Lieblingsmarken zu kaufen, wenn Sie bemüht sind, bei keinem dieser zehn Großkonzerne einzukaufen. Und dieser Fakt ist unabhängig von Land, Kultur, Religion oder Gesellschaftsschicht.

10 Großkonzerne und die wahre Bedeutung von „Markenmacht"[42]

Auf der nächsten Seite finden Sie die Grafik dazu.

---

[42] Quelle: Huffingtonpost.com am 27.04.2012

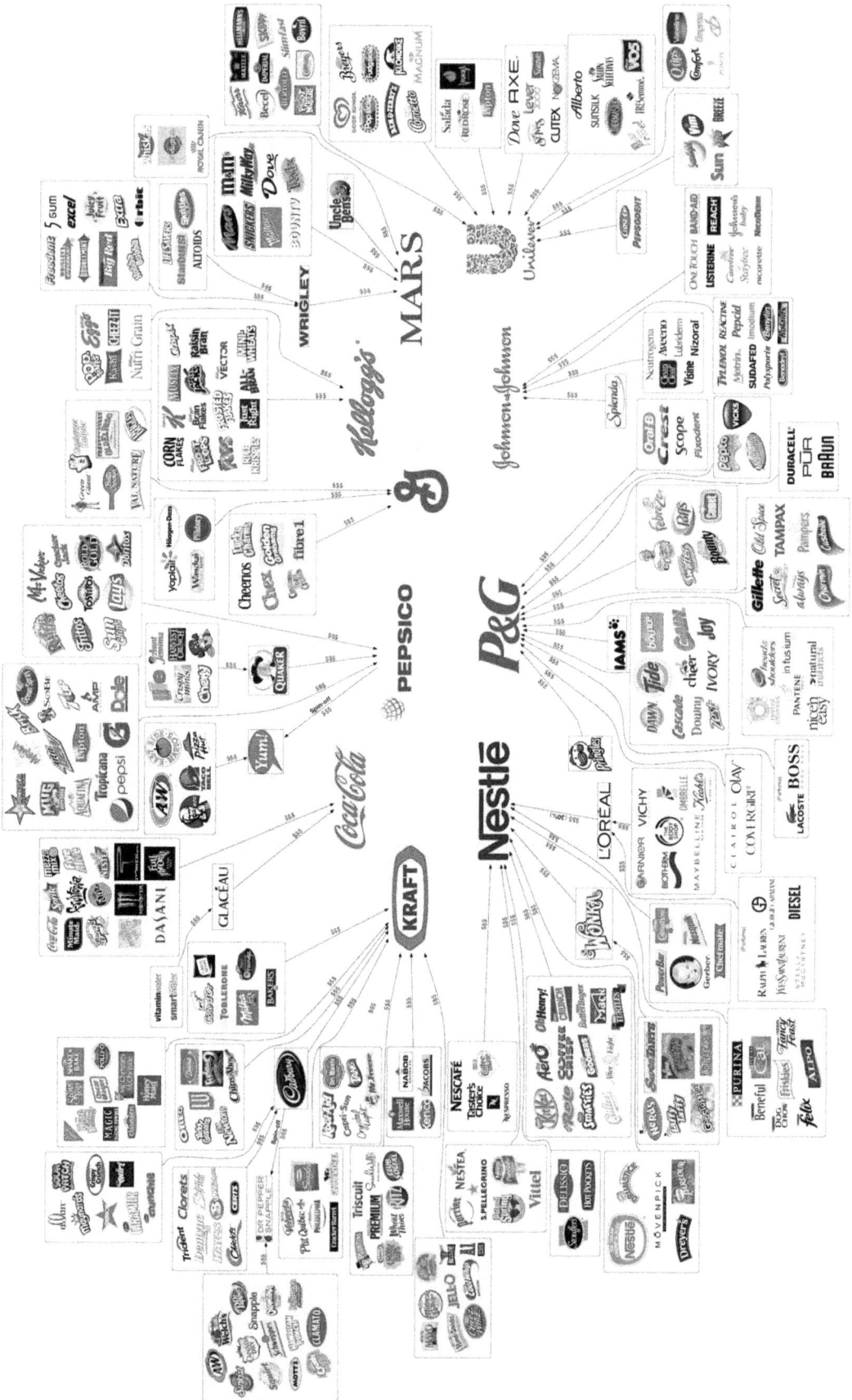

7.1.1 Qualitative und quantitative Information

> "Die große Tragödie unserer Gesellschaft ist, dass wir quantitativ über - und qualitativ unterinformiert sind. Wir wissen bedeutend mehr als unsere Vorfahren, doch wir wissen es bedeutend weniger gut. Wir müssen besser informiert werden im wahren Sinne des Wortes: auf bessere Weise, nicht durch mehr Informationen. Zu oft geht das Spektakuläre dem Wesentlichen vor, das Wichtige wird von Unfällen und Verbrechen überlagert, das Bedeutsame vom Sensationellen verdrängt. Überbordende Quantität und unzureichende Qualität bewirken eine ernsthafte Desinformation der Information, die viele Leute daran hindert, klar zu sehen und Zusammenhänge richtig zu erkennen."
> **- P. Lévy (Informationschef Europarat)**

„Traue keiner Statistik, die du nicht selbst gefälscht hast", ist ein Ausspruch, den heutzutage fast jeder kennt. Er bezieht sich auf den Fakt, dass auch quantitative Ergebnisse bewusst gesteuert präsentiert werden können. Hier ein Beispiel:

Die Testresultate von drei Herzmedikamenten A, B und C:

A: 33% Verringerung der Herzanfälle
B: 1,4% weniger Herzanfälle
C: Mit Placebo sind 95,9% anfallsfrei, mit dem Medikament 97,3%

Natürlich werden wir Medikament A bevorzugen, da es eine volle 34-prozentige Verringerung der Anfälle beweist. Das Spannende an den Ergebnissen jedoch ist, dass es sich bei den Präparaten um dasselbe Medikament handelt. Die wissenschaftlichen Resultate der "Helsinki Heart Study" waren:

- 4081 Patientinnen und Patienten wurden 5 Jahre lang beobachtet.
- 2051 erhielten das wirkliche Medikament, 56 davon hatten einen Herzanfall.
- 2030 erhielten das Placebo, 84 davon hatten einen Herzanfall.

Das Mittel zeigte somit in 28 Fällen Wirkung, was 33% von 84 Herzanfällen ohne Medikament entspricht. Das Medikament war in 84/2030 =

4,1% Fällen wirksam, das Placebo in 56/2051 = 2,7%, eine Reduktion um 1,4%. Das Medikament machte auch (2051-56)/2051 = 97,3% der Personen anfallsfrei, im Gegensatz zu (2030-84)/2030 = 95,9% der Personen, die ein Placebo erhielten[xxxix].

Nach einer Untersuchung der Uni Zürich[xl] sind auch Medizinstudenten bei solchen Fragen manipulierbar. Um sich auch als Normalbürger mit den statistischen Feinheiten und sinngemäßen Definitionen und Unterscheidungen befassen zu können, bedarf es mindestens eines 2-semestrigen Universitätskurses. Allein die fachlich korrekte Unterscheidung von „weniger" und „Verringerung" würde viele Menschen bei einer Straßenbefragung vor ein Problem stellen.

7.1.2 Das Gesetz der Wiederholung

Die Wiederholung einer bestimmten Information erhöht die Wahrscheinlichkeit, dass diese als wahr angenommen wird[xli]. Bis zu 15 Mal ist es sinnvoll, eine Information zu wiederholen, damit diese besser in Erinnerung bleibt. Dabei ist der zeitliche Faktor nicht unwesentlich, Sie sollten die ersten zwei Wiederholungen im besten Fall innerhalb von zwei bis drei Minuten einbauen und weitere vier bis acht in den folgenden eineinhalb Stunden (sollten Sie so viel Zeit mit einem Gesprächspartner verbringen). Zudem sollten Sie die Information jedes Mal mehrmals wiederholt einbauen, wann immer Sie Ihr Gegenüber treffen.

Unterstützt wird das Gesetz der Wiederholung von einem wissenschaftlich belegten Phänomen, das auch als „Effekt der bloßen Darstellung"[xlii] bekannt ist. Es besagt, dass wir Menschen, Dinge oder jedwede Art von Information lieber mögen, je öfter sie uns einfach nur „angeboten" werden, umso häufiger wir sie also wahrnehmen. Die einzige Voraussetzung dafür ist, dass der erste Eindruck nicht negativ, sondern mindestens neutral war. Mit jedem weiteren Kontakt steigt unsere positive Assoziation, bis wir eine Person schlussendlich auch attraktiv finden. Denken Sie nur an zwei Menschen, die lange befreundet waren und sich plötzlich verlieben (die körperliche Anziehung vorausgesetzt).

Ein weiteres psychologisches Phänomen ist der „Truth-Effekt"[xliii]: Menschen, die wiederholt dieselben Aussagen tätigen (auch, wenn sie damit Ihren Kollegen öfters sauer aufstoßen), wird irgendwann von ihrem Umfeld Glauben geschenkt.

Das Gesetz der Wiederholung hat übrigens nicht nur mit sozialem Druck oder bewusster Beeinflussung zu tun, de facto lässt sich eine echte Wahrnehmungsverschiebung feststellen (vgl. dazu die Kritische Masse in der Spieltheorie[xliv]). Wenn 500 Menschen in einem Netzwerk von einer Information tatsächlich überzeugt sind, beispielsweise, dass die unterste Farbe einer Ampel nicht Grün sondern Blau ist, dann werden zwei Menschen, die neu in dieses Netzwerk eintreten, nach kurzer Zeit ebenfalls beginnen, die Farbe Blau zu sehen. Und zwar nicht, wie Sie vielleicht denken, indem Sie einfach „um dazuzugehören" den anderen etwas vormachen und so tun, als würden sie Blau sehen, obwohl sie in Wirklichkeit Grün wahrnehmen. Nein, diese zwei Neueintritte beginnen tatsächlich Blau zu sehen und können das Grün nicht mehr wahrnehmen.

Eine Parabel zu diesem wissenschaftlich bestätigten Phänomen ist etwa die Geschichte vom lebendig gekochten Frosch. Wenn Sie einen Frosch kochen wollen, so erzählt man sich, mache es keinen Sinn, ihn lebendig in das bereits kochende Wasser zu werfen. Seine Reflexe werden sofort anschlagen und er wird wieder aus dem Kochtopf hinausspringen. Setzen Sie ihn jedoch in den noch kalten Topf und füllen Wasser hinzu, lässt er dies mit sich geschehen. Erhöhen Sie dann die Temperatur schrittweise, und zwar genau so langsam, dass sich das Wasser fast unmerklich erwärmt, gewöhnt sich der Frosch an die Umgebung, sodass er den Temperaturunterschied nicht bewusst wahrnimmt. Am Ende wird er im kochenden Wasser schwimmen, bis er tot ist, ohne die eigentliche Veränderung bemerkt zu haben.

7.1.3 Gezielte Information

Die lateinische Bedeutung von Information bedeutet „bilden" oder „etwas formen". Wer informiert, kann auch beeinflussen.

De facto ist jedwede Information bereits eine Beeinflussung, die wiederum eine Reaktion auslöst. Es hat also nicht nur etwas mit „unterrichten" oder „Kenntnis verschaffen" zu tun, sondern mit der Urform der Manipulation, die eine ähnliche lateinische Bedeutung hat. Unter selektiver Wahrnehmung verstehen wir den Prozess, dass Menschen nur jene Informationen zu sich durchlassen, die ihre bereits vorhandenen Glaubenssätze bestätigen. Doch würde diese Eigenschaft, die wir als vorbewusste Filter kennen gelernt haben, zu stark die eigene Wahrnehmung beschränken, würden wir bereits von einer Wahrnehmungsstörung sprechen, die sogar eine psychische Krankheit darstellt. Somit ist es also „normal", wenn wir zu einem gewissen Grad auch Informationen an uns heranlassen, die unsere Sicht auf die Welt nicht zu 100% bestätigen. Demzufolge können neue Informationen unsere Glaubenssätze und Werte, folglich auch unser Verhalten, verändern. Was in der Persönlichkeitsentwicklung durchaus positiv zu bewerten ist, hinterlässt mit anderen Zielsetzungen (wie etwa Profitmaximierung von Großkonzernen) einen anderen Eindruck.

Somit bestimmt nicht die Information selbst, wie wir unser Denken verändern, sondern es ist das Medium, das die Information an uns heranträgt, das verantwortlich ist für unser Denken! Dazu zwei Fragen: „Bilden Sie sich Ihre Meinung nach der Vorgabe der Medien, die Sie konsumieren? Oder bilden Sie sich zuerst Ihre Meinung und konsumieren dann die dazu passenden Medien?"

Als Beispiel hierfür wären Jugendliche zu nennen, die bereits in jungen Jahren als Präventivmaßnahme in der Schule wieder und wieder mit dem Thema Alkohol und Drogenmissbrauch konfrontiert werden. Je öfter sie die Thematik beschäftigt, umso höher ist die Wahrscheinlichkeit, dass die Erwartung geweckt wird, selbst damit experimentieren zu wollen.

Allein die gedankliche Fixierung auf ein Thema weckt Lust auf mehr. Aus keinem anderen Grund werden führende Ärzte auf Kongresse von Pharmakonzernen eingeladen. Vielleicht verschreiben sie nicht sofort ein neues Medikament – das wäre dann ja plattes Lobbying und Manipulation. Sie würden Ihren Eid verraten! Aber eine gewisse Zeit später ist es natürlich etwas anderes, - irgendwann das Medikament einer großen Firma zu verschreiben, ist natürlich nichts Verwerfliches, es gibt ja schließlich nur ein paar große Namen in diesem Geschäft, was bleibt dem Arzt schon anderes übrig?

Sie kennen die Rechtfertigung vor dem eigenen Selbst für Taten, die wir eigentlich für moralisch fragwürdig halten, aber aufgrund emotionaler Beweggründe dennoch durchführen, bestimmt aus eigener Erfahrung oder aus Ihrem Bekanntenkreis. Es sind dieselben Denkstrukturen, die uns dazu bringen, eine Diät doch nicht ernsthaft durchzuführen oder das Rauchen doch nicht aufzugeben, selbst wenn wir uns geschworen haben, es diesmal *wirklich* zu tun.

Jene Medien, die Themen oder Fotos auswählen und vorbestimmen können, welche Information den Normalbürger erreicht, verfügen über ein sehr großes Machtmittel der Beeinflussung. Und wann immer Information zu Desinformation wird, gilt es wachsam zu sein. Denken Sie nur zurück an die Schweine- oder Vogelgrippe, die in den Medien über Monate hinweg aufgebauscht wurde.

Als im Sommer 2011 durch den Abhörskandal der britischen Zeitschrift News of the World immer mehr ans Licht kam, dass der Medien-Mogul Rupert Murdoch im Besitz bedenklich vieler „unabhängiger" Medienformate (viele im Sub-Besitz seiner Firma News Limited) ist, waren viele geschockt. Wie sollte man sich eine freie Meinung bilden können, wenn die wichtigsten Presseformate insgeheim alle von einer zentralen Stelle abhängig waren?

In Australien, dem Ursprung Murdochs Medienwelt[xlv], gehören acht der größten Zeitungen des Landes zu News Limited, dem ansässigen Sub-Verlag von News Corp. Auch hier wurde Murdochs Verlag der Bespitzelung verdächtigt. Auch in den USA ist der Mann aktiv: Dort ist Murdochs News Corporation im Besitz zahlreicher Blätter, unter anderem des Wall Street Journal und der New York Post. Der TV-Sender Fox News dürfte dabei wohl das einflussreichste Medienorgan von News Corp sein.

Besonders in Krisen- und Kriegssituationen hat sich immer wieder gezeigt, wie relevant Informationen als Manipulationsmethoden sind (2. Weltkrieg, Vietnamkrieg, Golfkrieg usw.) Die eigentliche Frage lautet: wenn sich „der kleine Mann" diesem Machtinstrument gegenübersieht und in Wirklichkeit machtlos ist – sind wir dann nicht schon im Krieg?

Wenn wir Murdoch einen gewissen Zynismus unterstellen, dann ist die Namenswahl seines Konzerns auf jeden Fall bedenklich: „News Limited", zu Deutsch: „Begrenzte Nachrichten". Wenn Informationen von einer Zentrale zurückgehalten werden, kann dann noch von freier Meinungsbildung die Rede sein?

7.1.4 Desinformation

Im Gegensatz zur Information wird die Desinformation absichtlich gestreut, um den Fokus des Nachrichtenempfängers auf ein spezielles Thema zu lenken, das aber nicht in relevantem Zusammenhang mit jenem Thema steht, das verborgen bleiben soll.

Somit kann auch innerhalb eines Themas die subjektive Wahrnehmung der Information bewusst gesteuert werden, indem etwa folgende Techniken eingesetzt werden[xlvi]:

- Übertreibung
- Verknappung oder völliges Weglassen
- Inhaltlich den Sinn verändern

- Den Informationsgehalt verfälschen

Einige typische Manipulationswerkzeuge der Propaganda während der NS-Zeit betrafen vor allem die verbale und inhaltliche Rhetorik. Heute finden sich ähnliche Techniken nach wie vor in den Medien, der Politik und der Werbung. Auf diese Beispiele wird im Kapitel 7.4 Information verschleiern: Milton-Modell detailliert eingegangen.

- Volkstümliche Sprache

"Weil wir die Sprache des Volkes kannten, haben wir das Volk erobert. (Goebbels)"

- Wenig Grundbehauptungen

"Was ist der dritte Stand? Alles. Was bedeutet er heute? Nichts. Was fordert er? Etwas zu sein." (Abbé Emmanuel Joseph Sièyes)

- Geeignete Schlag - und Reizworte

"Ein guter Schlachtruf ist die halbe Schlacht" (Shaw)

- Grundbehauptungen unermüdlich wiederholen.

"Was man dem Volk drei Mal sagt, hält es für wahr" (Kleist)

- Übertreiben

Größte Wirkung auf die Masse wird zumeist mit extremen Stereotypen erzielt.

- Verwischen der Grenze zwischen Wahrheit und Lüge.

"Über jede Sache kann man zwei Reden halten." (Protagon)

- Vernebeln

"Setzt Dich eine Frage in Verlegenheit, richte es so ein, dass Du nichts klar ausdrückst, sondern im Allgemeinen schwebst." (Hamilton)

- Mit allen Mitteln das Ziel erreichen

Hinterlist, Lügen, Verleumdungen, falsche Zitate.

- Appellation ans Gefühl

"Wenig geht durch das Tor des Geistes." (Pascal)

7.2 Wortmanipulation

Im Alltag finden sich unzählige Beispiele der verbalen Beeinflussung in Form von Wortmanipulationen, Umdeutungen und Euphemismen (Beschönigungen)[xlvii].

Art der Wortmanipulation	Beispiel
Umdeutung von Wortinhalten	Fremdarbeiter statt Gastarbeiter
Elimination von schädigenden Begriffen	Goebbels ließ z.B. das Wort "Attentat" streichen
Verdrehung von Wortbedeutungen	Anstatt Terrorist heißt es Freiheitskämpfer
Gefühlsbetonte Worte werden benutzt	z.B. Lebensqualität
Scheintatsachen werden veröffentlicht	z.B. 70% der Kunden sind zufrieden (Aber: wie wurde gefragt, von wem und wie viele wurden befragt?)

Einige der schönsten Umdeutungen finden sich nach wie vor in Werbekatalogen[xlviii].

Euphemismus	Mögliche Interpretation
Für unabhängige Gäste	Das Hotel verfügt über keinerlei Sport- oder Spielanlagen.
Ehemaliges Fischerdorf	Die Fischer verschwinden im Touristenstrom.
International bekanntes Ferienzentrum	Hier trifft man die Nachbarn aus der Heimat.
Aufstrebender Badeort	Der Ferienort ist eine Baustelle.
Der Strand ist nur etwa dreihundert Meter von der Rezeption entfernt	Wer in der hintersten Bungalowreihe wohnt, sollte die Wanderschuhe einpacken.
Naturbelassener Strand	Der Sand ist voller Seetang.

Alle Zimmer zum Meer gelegen	Die Richtung stimmt, doch davor stehen Häuser.
Zentral und verkehrsgünstig gelegen	Tagsüber im Verkehrslärm, nachts von der Disco vibrierendes Haus.
Junges, lockeres Publikum	Der Anmache in der hauseigenen Disco ist nicht zu entkommen.
Sauber und zweckmäßig eingerichtet.	Altes, unbequemes Mobiliar.
Ungezwungene, sportliche Ferienatmosphäre	Auch beim Abendessen muss man sich den Bierbauch des Nachbarn ansehen.
Ideal für Gäste, welche das Strandleben genießen wollen.	Genießen Sie es tagsüber in vollen Zügen, denn nachts ist nichts los.

7.2.1 Reframing

Reframing beschreibt die Fähigkeit, ein Verhalten oder eine Situation aus unterschiedlichen Perspektiven zu beleuchten. Sie macht unseren Geist frei und beweglich. Trainieren Sie dies, werden Sie Ihre eigenen Wahlmöglichkeiten und die Ihrer Gesprächspartner in schwierigen Situationen erheblich steigern. Diese Technik beschäftigt sich mit dem Umdeuten von Inhalten, Bedeutungen, dem Kontext und ist generell ein gutes inhaltliches Verhandlungswerkzeug. Reframing bedeutet wörtlich[xlix], ein Bild oder ein Erlebnis mit einem neuen Rahmen zu versehen. Im psychologischen Bereich beinhaltet Reframing, dass man die Bedeutung von etwas verändert, indem man es in einen anderen Rahmen oder Kontext stellt. Ein psychischer Rahmen ist der kognitive Kontext eines bestimmten Ereignisses oder Erlebnisses, der die Grenzen der Einschränkungen der jeweiligen Situation festlegt. Rahmen haben starken Einfluss darauf, wie wir bestimmte Erlebnisse und Erfahrungen interpretieren und wie auf sie reagiert wird. Ein Bilderrahmen eignet sich gut, um das Konzept des Reframing verständlich zu machen. Je nachdem, was der Rahmen, in den ein Bild gefasst ist, erkennen lässt, verfügen wir über unterschiedliche Informationen hinsichtlich des Bildinhalts und nehmen deshalb das Dar-

gestellte anders wahr. So kann ein Fotograf oder Maler, der eine Land-
schaft darstellen will, im Rahmen seines Bildes nur einen Baum erfassen,
er kann aber auch eine Wiese mit vielen Bäumen, Tieren und vielleicht
sogar einem Bach oder Teich darstellen. Der Rahmen entscheidet darüber, was ein Betrachter zu einem späteren Zeitpunkt in dem Bild sieht.
Ebenso bestimmen psychologische Rahmen, wie wir eine Situation erfahren oder interpretieren, denn sie prägen unsere Sichtweise eines bestimmten Erlebnisses.

> "Es gibt nichts, das an sich gut oder schlecht wäre,
> nur das Denken macht es so."
> **- William Shakespeare**

7.2.2 Analoges Markieren

Im NLP[1] bezeichnen wir den Einsatz bestimmter Stilmittel wie das bewusste Einsetzen der Stimme (Lautstärke, Sprechpausen, Betonung,
Sprechgeschwindigkeit, sprechen in eine andere Richtung, mit Dialekt-
färbung) oder der Physiologie (Mimik, Gesten, Richtungs- und Rauman-
ker) als analoges Markieren. Es wird genutzt, um zu ankern, Suggestionen während der Gesprächshypnose einzubetten oder bestimmte Schlüsselwörter und Reize hervorzuheben. Auch in Texten kann *analog* markiert werden.

Beispielsweise können Sie in E-Mails absichtlich „Rechtschreibfehler"
einbauen und spezielle Wörter immer mit Großschreibung beginnen (vi-
suelles analoges Markieren). Damit lässt sich entweder, wenn diese Worte aneinandergefügt werden, ein Satz, eine Aufforderung usw. bilden
oder Sie markieren bestimmte, emotionale Worte und verankern mit dem
Großschreiben deren Wirkung im Unterbewusstsein.

> *„Heute ist ein besonders Schöner Tag, um sich die Zeit zu nehmen, endlich wieder etwas Entspannendes zu tun. Wenn draußen die Sonne scheint und die Vögel zwitschern, verbreitet sich eine Angenehme Atmosphäre und die Menschen auf der Straße werden eine Spur Gelassener. "*

Diese Verankerung könnten Sie nun mit einer Handlungsaufforderung, etwa „Und wenn Sie noch Heute Kaufen dann Sparen Sie bis zu 80%" verknüpfen. Zumeist werden diese Botschaften der analogen Markierung an das Unterbewusstsein gerichtet und fallen damit auch in das Kapitel 7.4 Information verschleiern: Milton-Modell. Was sich in Werbetexten nur schwer umsetzen lässt, fällt im Internet, vor allem bei Chats, fast gar nicht auf, da dort oftmals weniger Wert auf richtige Rechtschreibung gelegt wird.

Als Extrembeispiel für auditives analoges Markieren soll Folgendes dienen: In einer Unterhaltung sagt ein Mitarbeiter zum anderen: „Ich habe erst kürzlich von einer Freundin erfahren, was *Maria* sonst noch so macht." Und bei dem Wort „Maria" spricht er mit gesenktem Tonfall, negativer Mimik und Ausdrucksweise. Mit Wiederholung derselben analogen Hervorhebung wird der negative Unterton geankert und das damit verbundene negative Gefühl (wenn es im Gesprächspartner mit dieser analogen Markierung assoziiert wird) verknüpft. Somit sind vielseitige Einsatzmöglichkeiten denkbar, wie Sie – vor allem durch Kombination unterschiedlicher Markierungsmethoden – unbemerkt ein bestimmtes Gefühl mit einem anderen Reiz, Wort, Namen, usw. verbinden können.

7.3 Information gewinnen: Meta-Modell

Ein Meta-Modell[li] beschreibt ein anderes Modell (deshalb Meta). In der Linguistik und im NLP verstehen wir unsere Sprache als subjektive Abbildung (folglich auch als Modell) der Realität. Das Metamodell der Sprache ist aus diesem Verständnis heraus ein Modell des „Modells Sprache".

Das ursprüngliche Ziel war es dabei, das Modell der Wirklichkeit eines Menschen so zu erweitern, dass er mehr und vor allem bessere Wahlmöglichkeiten bekommt. Oder anders[lii] gesagt "die Syntax explizit zu machen, wie Menschen Veränderungen vermeiden und somit, wie man ihnen helfen sollte, sich zu ändern."

Unser (sprachliches und inhaltliches) Abbild der Umgebung entsteht mittels dreier, universeller Kreationsprozesse: Generalisierung, Tilgung und Verzerrung. Menschen kommunizieren mit sich selbst (ihrem Bewusstsein) und untereinander (geteilte Realität) durch das Benutzen einer einheitlichen Sprache. Das Gesprochene ist dabei eine vereinfachte Version des eigentlich wahrgenommenen, inneren Erlebens. Die komplette sprachliche und vor allem inhaltlich genaue Wiedergabe dessen, was nach außen kommuniziert werden soll, bezeichnen wir als Tiefenstruktur. Durch die eben beschriebenen Gestaltungsprozesse (Generalisierung, Tilgung und Verzerrung) geschieht eine passende Verarbeitung (Transformation), die in der geäußerten verbalen Sprache - der Oberflächenstruktur - ihren Ausdruck findet.

Weil der Empfänger einer Botschaft zumeist über einen anderen Erfahrungsschatz verfügt als der Sender, kommt es bei der Rückübersetzung, der Derivation (die Oberflächenstruktur wird zur Tiefenstruktur), oft zu interpretatorischen Fehlern und Verwechslungen. In der Regel sind sich die Kommunizierenden nicht bewusst, dass ein solches Problem besteht, weil sie sich darauf verlassen, dass das Gegenüber „dieselbe Sprache spricht". Erst wenn es zu Komplikationen kommt, bemerken sie, dass sie "aneinander vorbeigeredet" haben.

Das ursprüngliche Metamodell setzt sich aus einer Reihe von Gruppen der Wohlgeformtheitsverletzungen und Fragen zusammen, mit denen wir aus der Oberflächenstruktur mehr über die zugrunde liegende Tiefenstruktur erfahren können. Mit den so genannten „Metamodellfragen" werden die Generalisierungen, Tilgungen und Verzerrungen, die von der Tiefenstruktur ausgehend die Oberflächenstruktur bestimmen, an bedeutenden Punkten bewusst (und im Zweifelsfall rückgängig) gemacht. Dies bringt ein Plus an inhaltlicher Sprachgenauigkeit und Klarheit und ist insbesondere für Prozesse relevant, in denen klare Kommunikation wichtig ist (z.B. in der Therapie, der Mitarbeiterführung, dem Training u. v. a. m.)

Möchten Sie sprachliche Äußerungen Ihres Gegenübers mit dem Metamodell überprüfen, um mehr Informationen der Tiefenstruktur zu erhalten, empfiehlt es sich, den Inhalt in der folgenden Reihenfolge zu hinterfragen:

1. Generalisierung
2. Verzerrung
3. Tilgung

Dieses Vorgehen folgert, dass die Tiefenstruktur effektiver analysiert werden kann, ohne dass zu viele, teils unnütze, Informationen hervorgeholt werden. In den nächsten drei Subkapiteln soll auf die einzelnen Klassen im Detail eingegangen werden.

7.3.1 Tilgung

Einfache Tilgungen (Simple Deletion)
Es fehlen Informationen in der Aussage.

Beispiel: „Ich freue mich."
Metamodellfrage: Worüber freust du dich?
Beispiel: „Ich brauche mich nicht mehr zu fürchten."
Metamodellfrage: Wovor brauchst du dich nicht mehr zu fürchten?
Metamodellfragen: Wer ..., Was ..., Wen … bzw. was ..., Wem ..., Vor wem ..., Von wem ..., Bezüglich welcher Sache/Person ..., usw.

Unspezifisches Verb (Unspecified Verb)

Alle Verben, die wir nutzen, sind mal mehr und mal weniger unspezifisch. Bei Verben muss der Empfänger, um den Satz gänzlich zu verstehen, die Bedeutung ergänzen. In vielen Gesprächen ist das kein Hindernis, in anderen fehlen dafür wesentliche Inhalte. Der Satz „Ich bewundere dich!" hat wohl ebenso viele Bedeutungen wie Sender.

Mittels der Metamodellfragen wird der fehlende Kontext erforscht oder der Prozess genauer analysiert, um die Botschaft besser nachvollziehen zu können.

Beispielverben: lieben, verletzen, wissen, angreifen, erleben, verstehen

Beispiel: "Ich leide!"
Metamodellfrage: Wie genau leidest du? Worunter leidest du? Wann genau leidest du?

Vergleichstilgung (Comparative Deletion)
Bei einem Vergleich muss der Empfänger das Vergleichsobjekt aus eigener Interpretation heraus ergänzen, damit der Inhalt eine schlüssige Bedeutung erhält.

In der Metamodellfrage wird nach einem Vergleichswert gefragt und dadurch der Inhalt, vor allem die Relevanz oder Messbarkeit, präzisiert.

Schlüsselworte: besser, weniger, mehr, leichter, ruhiger

Beispiel: "Das Produkt ist zu teuer!"
Metamodellfrage: Im Vergleich wozu ist das Produkt zu teuer?
Beispiel: "Ich lerne so langsam."
Metamodellfrage: Im Vergleich mit wem lernst du langsam?

Fehlender Referenzindex (Lack of Referential Index)
Hier fehlt der konkrete Hinweis, worauf sich der Inhalt bezieht.

Beispiel: "Das kann doch nicht sein!"
Metamodellfrage: Was genau kann nicht sein?
Metamodellfragen: Wer genau, Welcher genau, Was genau, Wo genau

Nominalisierung (Nominalization)

Nominalisierungen sind aus Verben und Adjektiven abgeleitete Substantive; sie sind „geronnene" Prozesse. Eine Nominalisierung ist ein Hauptwort, das man nicht anfassen kann. Nominalisierungen sind „Bedeutungsblasen", Worte, die so wirken, als würden sie etwas bedeuten, die allerdings nicht klar kommunizieren, was genau das ist. Um eine Nominalisierung wieder in einen Prozess umzuwandeln, wird das Substantiv auf das zugrunde liegende Verb oder Adjektiv zurückgeführt und hinterfragt. Die Bedeutung gewinnen Sie zurück, indem Sie konkret nach ihr fragen. Besonders beliebt in der Werbung und beladen mit jeder Menge subjektiver Erfahrung, verwenden wir alle Nominalisierungen, ohne uns wirklich klar darüber zu sein, was unser Gesprächspartner *wirklich* darunter versteht. Beispiele dafür sind etwa: Glaube, Liebe, Hoffnung, Freiheit, Sicherheit, Gut und Böse, Reichtum, Gesundheit, Erfolg, u. v. a. m.

Beispiel: „Ich habe eine depressive Phase."
Metamodellfragen: Woran erkennst du eine depressive Phase? Was bedeutet eine depressive Phase für dich? Wie erlebst du das, wenn du dich depressiv fühlst? Wie machst du das, dass du dich wie in einer depressiven Phase fühlst?

7.3.2 Generalisierung

Universalquantifikatoren (Universal quantifiers)

Der Sender schließt von einzelnen Erlebnissen auf eine allgemein gültige Regel. Universalquantifikatoren werden durch die Fragen nach oder das Vorgeben von einem Gegenbeispiel oder durch Bewusstmachung des gebrauchten Universalquantifikators analysiert.

Schlüsselworte: alle, nie, keiner, dauernd, niemand, immer, ewig, jeder, man

Beispiel: "Alle Männer wollen immer nur das Eine!"
Metamodellfragen: Kennst du wirklich keinen einzigen Mann, der zumindest ab und zu einmal an etwas anderes denkt? Wirklich alle Männer? Ist das wirklich immer so oder gibt es Ausnahmen?

Generalisierter Referenzindex
Hier wird eine Aussage über alle Elemente getroffen, jedoch ohne den Universalquantifikator anzugeben. Der Umgang mit diesem Sprachmuster entspricht jenem des Universalquantifikators.

Beispiel: "Deutsche sind risikoscheu!"
Metamodellfragen: Kennst du wirklich keinen einzigen Deutschen, der zumindest ab und zu einmal etwas Risiko eingeht? Alle Deutschen? Immer?

Modaloperatoren (Modal operators)
<u>Modaloperator der Notwendigkeit</u>
Beim Modaloperator der Notwendigkeit wird etwas als notwendig kommuniziert, ohne die dahinter liegende Konsequenz zu nennen.

Schlüsselworte: müssen, sollen, notwendig

Beispiel: "Wer A sagt, der muss auch B sagen."
Metamodellfragen: Was würde sonst passieren? Welche Konsequenzen würden sich ansonsten ergeben?

<u>Modaloperator der Möglichkeit</u>
Die Modaloperatoren der Möglichkeit lassen uns viele Wahlmöglichkeiten und werden nicht im Detail hinterfragt. Durch das Voranstellen des Wortes „nicht" werden Modaloperatoren der Möglichkeit zur Unmöglichkeit (nicht können, nicht wollen, nicht dürfen).

Schlüsselworte: können, wollen, dürfen

Beispiel: "Ich kann das lernen."
Metamodellfrage: Wie genau lernst du das? Was tust du, um es zu lernen?

Verlorener Performativ (Lost Performative)
Dabei wird der Urheber verschleiert. Es wird ein Urteil formuliert, ohne zu erwähnen, um wessen Bewertung oder Aussage es sich handelt.

Beispiel: "Es ist besser, keine Gefühle zu zeigen."
Metamodellfragen: Wer genau sagt das? Wie kommst du darauf? Wessen Meinung ist das? Wer erlebt das so? Hast du selbst die Erfahrung gemacht?

7.3.3 Verzerrung

Ursache-Wirkung (Cause-Effect)
Es wird behauptet, dass X automatisch Y auslöst. Ziel ist es, den Ursache-Wirkung Zusammenhang aufzulösen und damit weitere Optionen zu schaffen.

Beispiel: "Sein Zuspätkommen macht mich wütend!"
Metamodellfragen: Wie genau führt das Verhalten von X dazu, dass du dich wütend fühlst? Wenn X sich so verhält, was genau geschieht in dei-, nem Inneren, bevor du dich wütend fühlst?

Umgekehrte Ursache und Wirkung (Reverse Cause-Effect)
Eine Person behauptet, dass ihr Verhalten für den Zustand und das Verhalten einer anderen Person verantwortlich ist. Hier zweifeln Sie entweder die Verknüpfung selbst an oder die Vorannahme, dass es keine Wahlmöglichkeit für den anderen gibt.

Beispiel: "Meinetwegen fühlt er sich schlecht."
Metamodellfragen: Was genau glaubst du, hast du getan, damit er sich schlecht fühlt? Du hast getan, was möglich war, aber ist es nicht so, dass er seine Reaktion immer noch selbst gewählt hat? Hast du wirklich die Verantwortung dafür / Kontrolle darüber, wie er sich fühlt?

Gedankenlesen (Mind Reading)

Beim Gedankenlesen wird von einer Person behauptet zu wissen, was in ihr vorgeht, was sie denkt oder fühlt. Bei der Metamodellfrage geht es darum herauszufinden, aufgrund welcher Wahrnehmung jemand glaubt, die Gedanken korrekt lesen zu können.

Beispiel: "Mein Kollege mag mich nicht!"
Metamodellfragen: Woher weißt du das? Bist du dir sicher? Könnte es anders sein?

Umgekehrtes Gedankenlesen (Reverse Mind Reading)

Eine Person nimmt an, dass eine andere Person ihre Gedanken lesen kann, und erwartet, dass sich diese andere Person deshalb auch dementsprechend zu verhalten habe.

Beispiel: "Er sollte wissen, dass ich das nicht mag."
Metamodellfrage: Woher sollte er das wissen? Wieso gehst du davon aus, dass er es weiß?

Komplexe Äquivalenz (Complex Equivalence)

Es wird behauptet, dass ein Ereignis X = Y bedeutet. Bei der Metamodellfrage wird der Kausalzusammenhang in Frage gestellt oder ein Gegenbeispiel erzeugt, im besten Fall wird dadurch X von Y wieder getrennt und es kann neu bewertet werden.

Beispiel: "Du liebst mich nicht, weil du mir keine Blumen mehr mitbringst."

Metamodellfrage: Also Blumen bedeuten Liebe und keine Blumen bedeuten keine Liebe?

Metamodellfragen allgemein: Woher weißt Du, dass X = Y bedeutet? Muss X denn automatisch Y bedeuten? Was könnte X denn noch bedeuten? Hast Du niemals X, ohne dass es Y bedeutet hat?

Vorannahmen (Presuppositions)
Präsuppositionen sind stillschweigende Vorannahmen (eigentlich hier synonym zu verstehen mit Glaubenssätzen) - des Senders, die in einer Aussage enthalten sind, aber nicht explizit angesprochen werden und dem Sender somit oftmals nicht bewusst sind. Die Formulierung "Du sollst keine anderen Götter haben neben mir " aus den Zehn Geboten der Bibel enthält etwa die Präsupposition, dass es andere Götter gibt.

Beispiel: "Du bist genauso egoistisch wie dein Vater."
Metamodellfrage: Woher weißt du, dass mein Vater egoistisch ist?

Zum Abschluss sei gesagt, dass es natürlich durchaus gewollt sein kann, Informationen bewusst zu tilgen, zu verzerren oder zu generalisieren. Eines der besten Beispiele dafür ist wieder einmal die Politik. Es gibt bis dato kaum eine medienwirksamere Kampagne als jene von Barack Obama kurz vor der Wahl zum Präsidenten. Mit seinem Slogan „Yes, we can!" gewann er die Herzen von Millionen Amerikanern und erhielt auch auf der restlichen Welt unglaublich positiven Zuspruch. Gleichzeitig fragen wir uns: Welche drei Worte könnten die drei Kategorien, die wir soeben erlernt haben, besser verdeutlichen als genau jener Ausspruch: „Yes, we can!"

Sie merken bereits, Sie könnten hier nahezu jede Metamodellfrage anwenden. Wer ist „wir"? Was können „wir"? „Was" können wir? Woran erkennen wir, dass wir es „können" oder was benötigen wir, um es zu „können"? Gibt es andere, die es auch könnten, oder sind es nur „wir"? Können wir alles oder wird hier nur eine bestimmte Tätigkeit „bejaht"?

Handelt es sich um eine Aufforderung, einen Zuspruch, eine gewichtige Aussage?

Yes we can[43]

---

[43] Quelle: http://mrscottyl.blogspot.com, Beitrag vom 16.08.2011

7.4 Information verschleiern: Milton-Modell

Das Milton Modell des NLP[liii] ist tatsächlich die Umkehrung des Meta Modells: Anstatt durch passende Fragen gezielt Information zu sammeln, bedienen wir uns nun einer möglichst vagen Sprache. Diese bewussten Meta-Modell Verletzungen begehen Sie beispielsweise, um möglichst viele Menschen anzusprechen und abzuholen. Dies kennen Sie bereits aus Werbung und Politik, besonders wenn sich hohe Entscheidungsträger in Interviews nicht festlegen wollen und sie keine spezifischen Aussagen tätigen, obwohl sie sich eingehend mit dem Thema beschäftigen.

Das Milton-Modell[liv] ist ein überaus wichtiger Bestandteil des Modells von NLP und beruht auf dem linguistischen Modellieren der Arbeit mit Milton. H. Erickson. Dr. Richard Bandler und John Grinder beobachteten den Hypnosetherapeuten während dessen Arbeit und beschrieben seine Eigenheiten, Sprache ganz gezielt zu verwenden. Daraus entstand eben dieses Milton-Modell, das Ihnen vermittelt, was Erickson an Sprachmustern zur Verfügung stand und wie er diese angewendet hat[lv].

Beispiele der Sprachmuster des Milton-Modells[lvi]	
Gedankenlesen	Ich weiß, du überlegst gerade …
Verlorener Performativ	… und es ist gut, sich zu überlegen …
Ursache-Wirkung	… weil …
Komplexe Äquivalenz	… das zeigt …
Präsupposition (Vorannahme)	… dass du noch besser lernst …
Universelle Quantifizierung	… all die Dinge, diese vielen Dinge …
Modaloperatoren	… die du lernen kannst …
Nominalisierungen	… ermöglichen dir neue Erkenntnisse …
Unspezifische Verben	… und du erlebst dabei neue Möglichkeiten …

7.4.1 Tilgungen

Nominalisierungen

Nominalisierungen sind nicht näher definiert und werden je nach Kontext, Erziehung und Erfahrung von Menschen subjektiv interpretiert. Zum Beispiel bedeutet Sicherheit für jeden etwas anderes. Um herauszufinden, was Ihr Gesprächspartner darunter versteht, fragen Sie etwa so: „Woran erkennst du, dass du sicher bist?"

Wollen Sie die Information tilgen, erstellen Sie einfach eine Nominalisierung.

Vage Wörter
Kein Verb definiert die komplette Aktivität, aber es kann auch mehr oder weniger genau beschreiben, worum es geht.

Beispiele: machen, lösen, verändern, denken, hineinfühlen, wissen, erleben, erkennen, erinnern, aufnehmen, tun usw.

Unbestimmter Inhaltsbezug
„Man kann sich entspannen."
„Das kann man leicht lernen."
„Du kannst eine bestimmte Empfindung spüren."

Aussagen wie diese veranlassen den Empfänger, die Botschaft auf sich selbst zu beziehen, da sie unkonkret formuliert ist. Er muss dies tun, um aus dem Vergleich mit seiner inneren Erlebniswelt einen Bezug herstellen zu können. Dadurch ist es Ihnen möglich, allgemein gültige Regeln zu definieren, die Ihr Gegenüber eher annehmen wird, als wenn Sie einen direkten Befehl geben.

Allgemein
Beispiel: „Ich weiß, dass du neugierig bist."

Worauf ist man neugierig? Das Objekt wurde hier komplett ausgelassen. Erneut muss der Empfänger den fehlenden Inhalt selbst füllen.

Vergleich
Bei einem Vergleich ist der Empfänger ebenso gezwungen, sich selbst als Vergleichsmaßstab einzusetzen, um die Botschaft zu verstehen.

Vergleichsworte sind etwa: besser, weniger, mehr, leichter, ruhiger, usw.

Beispiel: „Kannst du bereits erkennen, wie viel dir diese Information bringen wird?"

7.4.2 Semantische Fehlgeformtheiten

Kausalitäten

Der Sender verwendet Worte, die eine kausalc Beziehung von Ursache und Wirkung implizieren. Oftmals ist dies eine Verknüpfung zwischen einer dem Gesprächspartner bekannten Information (Beobachtung) und einer neuen (Suggestion).

Es gibt drei Arten von Verknüpfungen, die sich im Wirkungsgrad steigern. Normal wird mit der schwächsten begonnen und die Intensität dann sukzessive gesteigert.

1. Stufe: Verknüpfung mit „und"
„Du hörst den Klang meiner Stimme, und du beginnst, dich zu entspannen."
„Du atmest ein und aus, und du bist neugierig, was du wohl lernen wirst."
„Während du so da sitzt und lächelst, kannst du langsam in Trance fallen."
„Indem du dich vor- und zurückwiegst, kannst du dich mehr und mehr entspannen."

2. Stufe: Verknüpfung mit „bewirken", „verursachen", „zwingen", „erfordern", „beweisen" oder „zeigen"
„Dein Kopfnicken bewirkt (kann bewirken), dass du dich noch mehr entspannst."
„Dass du hier bist, zeigt, dass du schon dabei bist, dein Problem zu lösen."

3. Stufe: Verknüpfung mit „bedeutet" oder „je ... desto ..."
„Dass du lächelst, bedeutet, dass du Humor hast!"
„Je verkrampfter du jetzt bist, desto entspannter kannst du nachher sein."

Gedanken lesen

Sie können Ihre Glaubwürdigkeit steigern, indem Sie sich so verhalten, als wüssten Sie, was in einer anderen Person vorgeht. Dies setzt voraus, dass Sie eine vage Sprache sprechen und keine Widersprüchlichkeiten erzeugen.

Wörter hierfür sind „vielleicht", „möglicherweise" und „könnte"

Beispiele:
„Du fragst dich vielleicht, was ich als Nächstes sagen werde."
„Du möchtest vielleicht mehr über die Trance erfahren."
„Du fragst dich vielleicht, wie tief du gleich entspannen wirst."

7.4.3 Generalisierung

Anonymisierung

Diese Methode ermöglich Ihnen, Präsuppositionen zu programmieren, ohne sich dafür erklären zu müssen.

Beispiele:
„Es tut gut, sich am Ende eines langen Tages zu entspannen."
„Das ist richtig."
„Es ist nicht wichtig, ob du die Augen sofort oder erst in fünf Sekunden schließt."

Universelle Quantifizierungen

Diese signalisieren Generalisierungen, die in Wirklichkeit nicht zulässig sind.

Beispiele: alle, jeder, nie, keiner, niemand

„Jeder Atemzug lässt dich ein wenig tiefer in die Trance gehen."
„Und ich frage mich, wie alle deine Erfahrungen sich in nützliche Ressourcen verwandeln."

Modaloperatoren
Modaloperatoren modifizieren den Inhalt eines anderen Verbs. Man kann sie unterteilen in Modaloperatoren der Notwendigkeit (müssen, sollen) und Modaloperatoren der Möglichkeit (dürfen, können).

Beispiele:
„Ist es nicht erstaunlich, was du alles erfahren kannst."
„Und du fragst dich, was zuerst geschehen wird."

7.4.4 Vorannahmen

Präsuppositionen sind wirkungsvolle Sprachmuster, mit denen Sie etwas behaupten können, das Sie nicht in Frage gestellt haben wollen. Normalerweise bieten Sie mehrere Möglichkeiten an, die aber nur synonym mit dem gewünschten Effekt sind.

Beispiele: wissen, erkennen, wahrnehmen, bemerken, merken, gewahr werden.
„Merkst du, wie du schon begonnen hast, neue Dinge zu lernen?"
„Hast du gewusst, wie oft du schon in Trance gegangen bist?"
„Vielleicht hast du gerade bemerkt, wie sich der kleine Finger der rechten Hand bewegt hat."

Temporale Nebensätze
Hierbei handelt es sich um Nebensätze, die mit folgenden Worten eingeleitet werden: bevor, nachdem, während, seit, wenn.

Beispiele:

„Möchtest du dich setzen, bevor du dich einfach entspannst?"
„Kannst du meine Stimme immer noch hören, während dein Atmen sich ganz langsam verändert?"
„Manches Mal fragen sich Menschen, wie entspannt es sein kann, nachdem man die Augen geschlossen hat."

Reihenfolgen
Begriffe, die auf eine bestimmte Abfolge hindeuten, wie: noch ein, zuerst, zweitens, drittens, nächstes, danach.

Beispiele:
„Vielleicht bist du gespannt, welcher Teil deines Körpers sich zuerst entspannt."
„Vielleicht bist du neugierig darauf, was danach passieren wird."

Adjektive und Adverbien
Worte wie: leicht, einfach, schnell, tief, sehr

Beispiele:
„Wie einfach kannst du beginnen dich zu entspannen?"
„Bist du tief in Trance?"

Scheinalternative
Mit dem Wort „oder" ist die Präsupposition verbunden, dass eine ganz bestimmte Variante mehrerer Möglichkeiten realisiert wird.

Beispiele:
„Möchtest du dir die Zähne vor oder nach dem Baden putzen?"
„Gehst du in eine leichte oder in eine tiefe Trance?"

7.4.5 Indirekte Auslöser
Diese Sprachmuster sind sinnvoll, wenn Sie eine bestimmte Reaktion unbewusst hervorrufen wollen.

Versteckte Fragen

Hier sind die Fragen in einem komplexeren inhaltlichen Aufbau integriert.

Beispiel:
„Es würde mich interessieren, was du dir von diesem Gespräch versprichst."

Versteckte Befehle

Hier sind die Imperative in eine komplexere Struktur eingebettet.

Beispiele:
„Und während du in diesem Sessel sitzt und meine Stimme hörst, entspanne dich."
„Ich frage mich, wann du bemerkst, dass du entspannt bist."

Negationen

Um eine Negation im Gehirn umzusetzen, bedarf es zuerst der Erzeugung jenes Bildes, das wir danach wieder umkehren – negieren – sollen. Ein Beispiel dafür wäre die Beschilderung in einem Park „Bitte nicht über den Rasen laufen." Welches Bild haben Sie im Kopf? Richtig, dass Sie über den Rasen gehen. Sinnvoller wäre: „Bitte den Gehweg benutzen."

Es sei denn, Sie wollen, dass Ihr Gegenüber die Negation in Wirklichkeit doch bedenkt.

Beispiel:
„Du kannst nicht verhindern, darüber nachzudenken."

Ambiguitäten

Eine Ambiguität (Doppeldeutigkeit) besteht, wenn eine Oberflächenstruktur (Worte) mehr als eine Bedeutung haben kann. Die Mehrdeutigkeit im Metamodell bedeutet, dass mehr als eine Tiefenstruktur mit der Aussage verknüpft ist.

Phonologische Ambiguität liegt dann vor, wenn dasselbe Wort oder die gleiche Klangsequenz gleiche Bedeutungen hat:

Beispiele: der/die Weise, mehr/Meer, Leere/Lehre, sehen/säen

"Bedenken Sie dieses Mehr/Meer an Möglichkeiten."
"Die Möglichkeiten, die sie jetzt sehen/säen, werden um ein Vielfaches zunehmen."

Zitate
Zitate können Sie benutzen, um Aussagen oder Anweisungen zu machen, ohne für den Inhalt verantwortlich zu sein oder um Aussagen durch das Heranziehen von fremden Autoritäten zu bekräftigen.

"Jemand, der dich nicht kennt, würde denken, ...!"
"Was würdest du an meiner Stelle dir raten?"
"Was würdest du an deiner Stelle dir raten?"
"Hätte eine andere Person dieses Problem, würde ich sagen, ...!"
"Ich würde ja nie behaupten, dass ...!"
"Der Papst würde jetzt sagen: ... ."

7.5 Psychologische Phänomene

In der Psychologie und Forschung finden wir zahlreiche Theorien und Studien, welche die vorangehenden Kapitel untermauern. Nun sollen fünf für uns besonders bedeutsame - weil sehr leicht in die Praxis umsetzbare – Effekte kurz hervorgehoben werden, die Ihrer Wirkung auf Ihr Umfeld noch einen dramatischen Schub verleihen.

7.5.1 Der Primacy-Recency-Effekt

Dieses Phänomen setzt sich aus zwei Effekten zusammen, die für sich allein genommen schon wirkungsvoll sind. In Kombination üben sie einen noch stärkeren Effekt aus.

Der Primacy-Effekt[lvii] bestätigt, dass unser Gehirn jene Informationen, die wir zuerst kennen lernen, als besonders gewichtig bewertet. Dies kennen wir bereits durch die Möglichkeiten, die die Konditionierung bietet. Der Grund dafür liegt darin, dass wir bis dahin noch keine Vergleichsinformationen haben.

Der Recency-Effekt[lviii] wird besonders in der Werbepsychologie gerne angewendet und steht für das Hinzufügen einer letzten, ebenfalls wichtigen Information. Als wichtig werden sie vom Gehirn bewertet, weil sie noch nicht von zusätzlichen Informationen überlagert wurden. Oftmals handelt es sich dabei um das so genannte „Reserveargument", denn viele Kunden haben im Verkaufsgespräch noch einen letzten Einwand, der sie von einem Kauf abhält. In solchen Fällen reagieren gute Verkäufer ähnlich: „Das Premium-Benzin ist natürlich *etwas* teurer, dafür fahren Sie damit auch weiter und schonen den Motor!"

In Diskussionen sollten Sie, basierend auf dem Primacy-Recency-Effekt, deshalb sowohl die Einleitung als auch die letzten Worte sprechen.

7.5.2 Der Halo-Effekt

Im Griechischen bedeutet „Halo" auch „Lichthof" und im wissenschaftlichen Kontext steht dieser Effekt für die positive Überschätzung einer ganz speziellen Charaktereigenschaft. Spannenderweise neigen die meisten Menschen, wenn sie an anderen eine einzelne, besonders überragende Eigenschaft erkennen, dazu, diese überdurchschnittlich positive Bewertung auch auf alle anderen Eigenschaften dieser Person zu übertragen:

Intelligenz, Auffassungsvermögen, Fleiß, soziale Kompetenz und sogar musikalisches Talent.

Derselbe Effekt wurde wissenschaftlich auch von den US-Psychologen Thorndike und Allport nachgewiesen, die herausfanden, dass Offiziere im Ersten Weltkrieg ihren untergebenen Soldaten sehr viele positive Eigenschaften hinzudichteten, wenn diese attraktiv waren und einen aufrechten Gang hatten[lix].

Sind Sie also in einer Fähigkeit besonders hervorragend, so sollten Sie diese durchaus betonen und hervorheben. In der Wahrnehmung anderer Menschen wird sich Ihr Gesamteindruck dadurch zusätzlich verbessern.

7.5.3 Künstliche Verknappung

Die Methode der künstlichen Verknappung können Sie immer einsetzen, sobald Sie es für angebracht halten, die eigene Verhandlungsposition zu stärken. Es ist zudem ein häufig in der Werbepsychologie eingesetztes Verfahren, um Kaufdruck zu erzeugen. Die Idee dabei ist, da der Markt das Gleichgewicht zwischen Angebot und Nachfrage anstrebt - und der Preis durch ebendieses Gleichgewicht entsteht - eine Verknappung des Angebotes vorzutäuschen. Wären die Güter wirklich knapp im Angebot, etwa weil die Zulieferung eines notwendigen Gutes, das für die Herstellung des Endproduktes unabdinglich ist, im Zoll hängen bleibt oder aufgrund von Unwettern die Ernte ausbleibt, dann ist die Nachfrage größer als die verfügbaren Produkte. Somit sind die Menschen bereit, mehr zu zahlen, um ihr Wunscherzeugnis zu ergattern.

Interessanterweise funktioniert derselbe Effekt aber auch bei Angeboten, die nicht in der Stückzahl begrenzt sind. So wird oftmals im Internet bei digitalen Produkten (die ja unendlich oft heruntergeladen werden können und somit keine Angebotsverknappung möglich wäre) auf einer anderen Ebene verknappt: dem zeitlichen Aspekt. Bestimmt haben Sie schon ein

„Sonderangebot" gesehen, das eine „besonders hohe" Preisreduktion – natürlich nur „einmalig" – für kurze Zeit bewirbt. Natürlich ist es notwendig, das Produkt gleich zu kaufen, denn sonst ist das Sonderangebot ja beendet. Es wird also künstlich Druck erzeugt, obwohl dies nicht dem realen Angebot entspricht.

Natürlich sind solche künstlichen Verknappungen für viele potentiellen Käufer offensichtliche Manipulationsversuche, – was jedoch meist nichts daran ändert, dass sie erfolgreich wirken.

Der Effekt, der hier wirkt, könnte mit der Dissonanztheorie[lx] begründet werden: Je mehr sich jemand für etwas anstrengt, umso höher wird die subjektive Wertschätzung später dafür sein. Stellen Sie sich vor, wie Sie mit eigenen Händen ein Haus bauen und es vom Keller bis zum Dachgeschoss mit viel Mühe und Feinarbeit einrichten. Sie wohnen in diesem Haus lange Zeit und auch wenn die Wand Risse bekommt und Sie den Verputz nachsäubern, ja sogar gerade weil Sie sich um die Instandhaltung selbst kümmern, messen Sie Ihrem Zuhause immer mehr emotionalen Wert bei.

Doch wenn nun ein externer Käufer kommt, der sich für das Objekt interessiert, wird Ihre Preisvorstellung meist höher sein als die seinige. Natürlich hat er kein Verständnis für Ihren emotionalen Bezug, denn er hat ja auch keine langen Jahre mit der Sorgfalt im Haus gelebt wie Sie. Bedenken Sie diesen Effekt also auch, wenn Sie jemanden kritisieren wollen, der an seinem Projekt mit viel Herz gearbeitet hat. Auch wenn Sie vielleicht Recht haben, könnte zu heftige Kritik (in der Wahrnehmung des anderen) zu einem Rapportbruch führen.

7.5.4 Der Spotlight-Effekt

Im Normalfall überschätzen die Menschen das Maß an Aufmerksamkeit, das ihnen zuteil wird. Nachgewiesen wurde dieses psychologische Phänomen[lxi] mit einer an sich witzigen Studie. Studenten wurden gebeten ein

T-Shirt zu tragen, das in ihren Augen als „peinlich" galt und von dem sie fürchteten, dass es ihrem Ruf unter den Kommilitonen schaden könne. Sie gingen einige Zeit mit diesem Shirt durch die Hallen und wurden danach gefragt, wie oft sie dachten, dass sie mit dem T-Shirt gesehen worden seien. Ebenso wurden die Menschen befragt, die ihren Weg gekreuzt hatten und die Zahlen wurden verglichen. Das überraschende Ergebnis: Die Zahl der Menschen, die das T-Shirt wirklich bewusst wahrgenommen hatten, war nicht einmal halb so groß wie die Studenten, die es anhatten, dachten.

7.5.5 Die Überlegenheitsillusion

In unserer eigenen Wahrnehmung sind wir immer besser als die anderen, wir sind ihnen in allen Belangen überlegen. Dies wird als die „Überlegenheitsillusion"[lxii] beschrieben und betrifft alle Eigenschaften: Intelligenz, Aussehen, Beliebtheitsgrad usw.

Somit ist es auch nicht verwunderlich, dass bei der Mitarbeiterbefragung nach dem eigenen Gehalt – wenn das der Kollegen nicht bekannt ist – die eigene Leistung als höherwertig eingestuft wird. Dementsprechend kann es in sozialen Umgebungen sinnvoll sein, die Selbstwahrnehmung Ihrer Mitmenschen zu unterstützen und in anderen Situationen, etwa dem beruflichen Kontext, eine gewisse „Privatsphäre" zu wahren.

7.6 Timsit's 10 Strategien

Der französische Autor Sylvain Timsit[lxiii] zeigte mit seinem Text „10 Strategien der Manipulation" auf satirische Weise, wie eine ganze Gesellschaft beeinflusst werden kann, ohne dass eine kritische Masse an Menschen in dieser Gesellschaft dies realisiert.

Er zeigte auf, wie auf systemischer Ebene beeinflusst wird und welche Informationen die Gesellschaft für relevant hält. Sie wissen bereits aus dem Kapitel 7.1.3 Gezielte Information, dass Information immer zu

Wahrnehmung führt und Wahrnehmung die Grundlage jeden Handelns ist, begründet Information letztendlich auch die soziale Realität.

1. Kehren Sie die Aufmerksamkeit um

Um eine Masse zu kontrollieren, ist es besonders wichtig, eine Informationsasymmetrie herzustellen. Lenken Sie die Aufmerksamkeit der Menschen auf unwichtige Ereignisse oder jene, die nichts mit Ihren Zielen, die verborgen bleiben sollen, um. Dadurch kehrt die öffentliche Meinung den echten gesellschaftlichen Problemen den Rücken zu, berieselt und abgelenkt durch Unwichtigkeiten. Im besten Fall beschäftigen Sie die Masse so sehr, dass sie keine Zeit hat, sich mit den Problemen aktiv auseinander zu setzen. Möglichkeiten hierfür wären etwa das Erzeugen von Wirtschaftskrisen, um eine Begründung zu haben, die Arbeitszeiten weiter zu verlängern, eine Kürzung der gesetzlich festgelegten Mindesturlaubszeiten bis hin zu unmittelbaren Bedrohungen wie Krieg oder Katastrophen.

2. Erzeugen Sie Probleme und liefern Sie dann die Lösung

Diese Methode ist auch als die „Problem-Reaktion-Lösung" bekannt. Es wird ein Problem bzw. eine bestimmte Situation geschaffen, um eine Reaktion bei den Empfängern auszulösen, die danach eine präventive Vorgehensweise erwarten. Verbreiten Sie Gewalt oder zetteln Sie blutige Angriffe an (etwa wie terroristische Attacken). Dadurch wird die Gesellschaft eine Verschärfung der Rechtsnormen und Gesetze auf Kosten der eigenen Freiheit akzeptieren oder sogar fordern. Sinnvoll ist es auch, eine Wirtschaftskrise zu erzeugen, um eine radikale Beschneidung der Grundrechte und die Demontierung der Sozialdienstleistungen zu rechtfertigen.

3. Stufen Sie Änderungen ab

Verschieben Sie die Grenzen von Änderungen Schritt für Schritt, Jahr um Jahr, genau wie die Parabel vom lebendig gekochten Frosch in Kapitel 7.1.2 Das Gesetz der Wiederholung gezeigt hat. Mit dieser Vorgehensweise setzte man in den Jahren 1980 und 1990 die neuen radikalen sozioökonomischen Vorraussetzungen durch.

4. Schieben Sie Änderungen auf

Um die Akzeptanz einer von der Masse ungewollten Änderung zu erhalten, ist es manchmal notwendig, sie als „schmerzhaftes Muss" vorzustellen. So glaubt die Gesellschaft, dass es notwendig sein wird, sie irgendwann in der Zukunft einzuführen. Menschen fällt es leichter, zukünftige Opfer zu akzeptieren, als sich den Konsequenzen sofort auszusetzen. Zudem hat die Gesellschaft, unterstützt durch die Massenmedien, die naive Tendenz, negative Veränderungen mit einem „alles wird gut" Glaubensmuster zu umschreiben. Diese Vorgehensweise gibt der Gesellschaft mehr Zeit, sich der Änderung bewusst zu werden und die Akzeptanz in eine Art der Resignation umzuwandeln. Oftmals wird dieser Prozess durch mediale Unterstützung vereinfacht. Ob diese durch gezielte Desinformation oder bewusste Kontrolle beteiligt ist, tut dann nichts mehr zur Sache.

5. Verwenden Sie eine einfache Sprache

Die meisten Informationen, die an die Masse gerichtet sind, werden durch Art und Weise der rhetorischen Mittel in ihrer Bedeutung verändert. Sie sind manipuliert durch inhaltliche Argumente oder durch nonverbale Kommunikation. Oftmals erinnert die Sprache bei den Verkündungen wichtiger gesellschaftlicher Umbrüche an die einfache Sprechweise, die man Kindern gegenüber verwenden würde. Durch die Suggestion und Präsupposition, dass die Masse elf Jahre alt ist, wird sich diese unbewusst mit diesem Alter angesprochen fühlen und dementsprechend kritiklos reagieren.

6. Legen Sie den Fokus auf die Emotion

Der Fokus auf den emotionalen Aspekt ist eine typische Methode, um eine kognitive Analyse zu umgehen. Darüber hinaus verstärkt eine emotionale Rede den Effekt, Ideologien, Bedürfnisse, Ängste usw. im Unterbewusstsein hervorzurufen oder zu verfestigen.

7. Halten Sie die Ignoranz der Gesellschaft aufrecht

Die Gesellschaft soll sich möglichst keine Techniken der Kontrolle aneignen können oder nicht fähig sein, diese wahrzunehmen. Dementsprechend soll auch die Bildung, die der gesellschaftlichen Unterschicht angeboten wird, so einfach wie möglich sein, damit das akademische Wissen für diese nicht begreifbar ist. Eine Methode, dies zu erreichen, ist das Festsetzen immer neuer „Mindeststandards", die dann alle paar Jahre wieder gesenkt werden.

8. Bestärken Sie die Bevölkerung in dem Glauben, dass sie durchschnittlich ist

Erreichen Sie, dass die Masse fest davon überzeugt ist, dass es normal und zeitgemäß ist, sich dumm, vulgär und ungebildet zu verhalten. Typische Methoden unserer Zeit hierfür sind die Beeinflussung der Jugendkultur durch die Massenmedien.

9. Wandeln Sie Widerstand in das Gefühl schlechten Gewissens um

Erreichen Sie, dass die Menschen denken, dass sie in Ermangelung an Intelligenz, Kompetenz oder aufgrund von persönlicher Faulheit die Hauptverantwortung für ihren ausbleibenden Erfolg selbst tragen. Die systemische Ebene wirkt damit einer Rebellion entgegen, da der Gesellschaft suggeriert wird, dass der Bürger selbst an den schlechten Zeiten die Schuld trägt, und der Selbstwert des Einzelnen wird gesenkt. Dies führt bei vielen Menschen zu Depression und der Blockade weiteren proaktiven Handelns.

10. Lernen Sie Menschen besser kennen, als sie es selbst tun

Dank der akademischen Forschung der letzten 50 Jahre in der Biologie, der Neurobiologie und der angewandten Psychologie, erreichten jene Menschen, die Geld und Zeit für die laufende Fortbildung hatten, eine umso größere Bildungsschere in Vergleich mit der breiten Masse. Der Grundsatz „Wissen ist Macht" trifft nirgendwo mehr zu als in der angewandten Psychologie. Sie wissen das – Sie lesen dieses Buch.

7.7 Werte und Glaubenssätze

Gerade eben haben Sie in der 9. Strategie von Timsit den Begriff „Selbstwert" gelesen. Bevor wir näher darauf eingehen, wie sich dieser zusammensetzt und wie Sie ihn beeinflussen können, beschäftigen wir uns grundsätzlich mit dem Thema Werte und Glaubenssätze. Werte haben einen sehr großen Einfluss auf unser Leben und sind uns dennoch meist nicht bewusst. Durch die aktive Auseinandersetzung mit unseren Werten schaffen wir eine gute Basis dafür, jene Ziele engagiert zu verfolgen, die es uns wirklich wert sind. Werte sind Dinge,

- die uns wichtig sind,
- die uns motivieren,
- die uns sagen, was richtig oder falsch ist,
- die uns sagen, was gut oder böse ist,
- für die wir Zeit und Ressourcen aufwenden.

Werte sind meistens Nominalisierungen und können beispielsweise sein: *Freiheit, Ordnung, Offenheit, Kollegialität, Zurückhaltung, Sicherheit, Pünktlichkeit, Unabhängigkeit, Lebendigkeit, Hilfsbereitschaft, Respekt, Freundschaft, ...*

Werte beeinflussen unsere Zufriedenheit maßgeblich. Sie bestimmen unsere Kultur und sind Motor beziehungsweise die Initiatoren für unser Verhalten. Selbst Firmen haben bestimmte Werte, egal, ob sie explizit sind oder nicht. Können wir im Einklang mit unseren Werten leben und arbeiten, so geht es uns gut und wir sind zufrieden – und sind der Lage, zum Beispiel in beruflichen Dingen mehr Leistung und Einsatz zu bringen.

Es kommt jedoch auf den *Kontext* an, denn es gibt globale Werte, die das ganze Leben betreffen und kontextabhängige Werte, das heißt, dass die Werte im Kontext „Beruf und Erziehung" und „Persönlichkeit und Freundschaft" jeweils unterschiedlich sein können. So kann im beruflichen Bereich der Wert „Erfolg" sehr hoch angesiedelt sein, im Bereich

Freundschaft jedoch überhaupt keine Rolle spielen, wo vielleicht eher „Vertrauen" zählt. Dennoch werden sicherlich je Lebensbereich (Kontext) nicht völlig gegenteilige Werte an erster Stelle stehen. Der Mensch hat im Durchschnitt ca. 10 bis 20 aktive Werte, also eine relativ begrenzte Anzahl. Werte sind dabei sehr zeitstabil und „zäh", sie können nicht einfach von heute auf morgen verändert werden – es sei denn, die Lebensumstände ändern sich dramatisch, wie zum Beispiel nach der Geburt des ersten Kindes. Umso spannender ist es, sich mit seinen eigenen Werten auseinanderzusetzen.

Woran aber nun erkennen, ob ein Wert erfüllt ist? Für den einen mag „Sicherheit" zum Beispiel bedeuten, dass finanziell genügend Ressourcen vorhanden sind. Für jemand anderen bedeutet Sicherheit, sich immer auf seine Freunde verlassen zu können, und wieder ein anderer Mensch schließt sich am liebsten zu Hause ein, um sicher zu sein.

Oberflächlich sehr ähnlich anmutende Werte können somit völlig unterschiedlich gelebt werden, was sich erst anhand der *Kriterien* merkbar macht. Deshalb sind Kriterien auch wichtige Indikatoren dafür, ob wir unsere Werte in die Realität umsetzen oder nicht gemäß unseren Vorstellungen leben.

Eine der bemerkenswertesten Eigenschaften von Glaubenssätzen[44] ist, dass sie nicht wie Verhalten oder Fähigkeiten beschaffen sind, da sie auf einer anderen Ebene der Persönlichkeitsstruktur programmiert sind, die resistenter gegenüber Veränderung ist.

Eines der klassischen Beispiele hierfür ist der Mensch, der glaubt, er sei eine Leiche[lxiv]. Er isst nicht und geht nicht zur Arbeit. Er sitzt bloß die ganze Zeit über da und behauptet, er sei eine Leiche. Der Psychiater versucht, den Mann davon zu überzeugen, dass er nicht wirklich tot ist. Sie streiten lange über die Frage und schließlich fragt der Psychiater: „Können Leichen bluten?" Der Mann denkt einen Augenblick lang nach und sagt dann: „Nein. Weil alle Körperfunktionen zum Stillstand gekommen

---

f44 Die Begriffe Glaubenssatz und „Überzeugung" werden in diesem Kapitel synonym verwendet.

sind, kann eine Leiche nicht bluten." Daraufhin meint der Psychiater: „Also gut, dann wollen wir jetzt einmal ein Experiment durchführen. Ich werde eine Nadel nehmen, Ihnen damit in den Finger stechen und schauen, ob er blutet."

Da der Patient ja eine Leiche ist, kann er nicht viel dagegen einwenden. Der Psychiater sticht ihm also die Nadel in den Finger und der Finger des Mannes fängt an zu bluten. Der Patient schaut sich die Sache völlig verblüfft an und ruft aus: „Verdammt! Leichen bluten tatsächlich!"

Die Macht der Glaubenssätze[45]

Wie Sie diese Glaubenssätze nun gezielt verändern können, hängt vor allem davon ab, in welchem Zusammenhang diese mit anderen Ebenen der Persönlichkeit stehen.

7.7.1 Bedürfnispyramide nach Maslow

Die Maslowsche Bedürfnispyramide[lxv] (1943) stammt von dem amerikanischen Psychologen Abraham Maslow (1908-1970) und zählt zu den bekanntesten Motivationstheorien.

Sie besagt, dass jeder Mensch von fünf hierarchisch angeordneten Bedürfnissen[lxvi] gelenkt wird. Die Basis stellen jene Bedürfnisse dar, die

---

[45] Quelle: Stephan Pastle/Dist, von YFS, Inc.

absolut notwendig sind, um zu überleben, während die weiter oben ange-siedelten eher in Richtung Selbstverwirklichung gehen.

In der Motivationstheorie[lxvii] sind die Begriffe Motivation und Bedürfnis ausschlaggebend. Die Motivation wird dabei definiert als die aktivierende Ausrichtung eines Individuums auf ein Ziel, welche die Beweggründe des menschlichen Verhaltens erklärt. Das Bedürfnis hingegen ist das Verlangen, einen menschlichen Mangelzustand zu beseitigen. Demzufolge leiten sich Motive aus Bedürfnissen ab.

Zu Motiven zählen Ehrgeiz, Leistung, Zugehörigkeit (zu einem System oder einem persönlichen Umfeld) oder Macht und diese können durch die Person selbst (intrinsische Motivation) oder durch ihre Umwelt (extrinsische Motivation) ausgelöst werden.

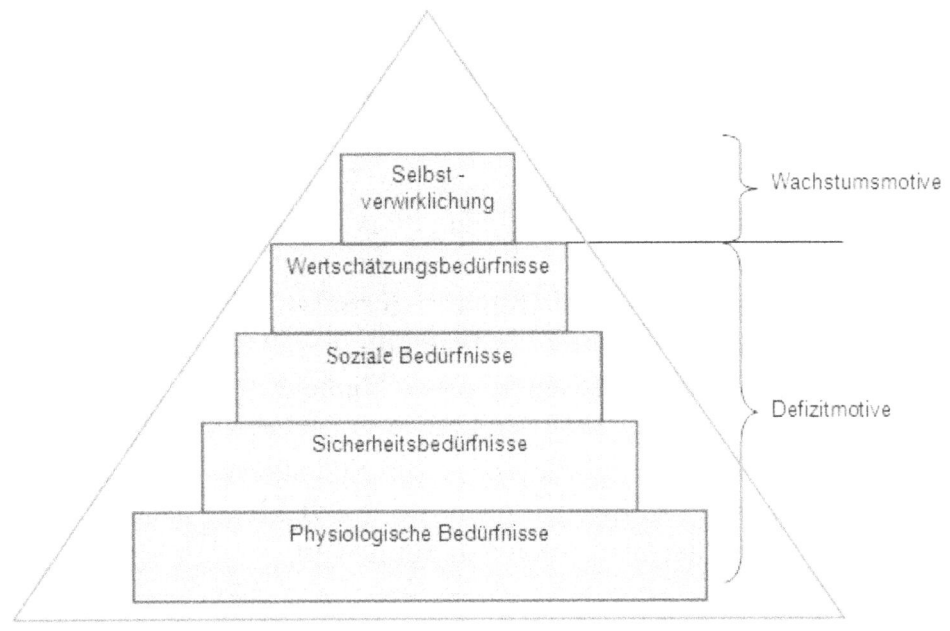

Die fünf Stufen der Bedürfnispyramide[46]

---

[46] Quelle: vgl. dazu die Endnote lxv

Die Bedürfnispyramide ist in zwei Bereiche geteilt, das Defizit- und das Progressionsprinzip. Das **Defizitprinzip** besagt, dass die Motivation zu einer Aktion von unbefriedigten Bedürfnissen gesteuert wird. Sobald das Bedürfnis befriedigt worden ist, ist auch die Motivation verschwunden. Das **Progressionsprinzip** definiert, dass das hierarchisch niedrigste bzw. unbefriedigte Bedürfnis die Motivation auslöst. Erst wenn dieses befriedigt ist, wird das hierarchisch höhere angestrebt.

Die Bedürfnispyramide ist (im Unterschied zu den neurologischen Ebenen, die im nächsten Kapitel folgen) in 5 Stufen, welche hierarchisch aufgebaut sind, unterteilt. Zu den physiologischen Bedürfnissen, welche das Überleben sichern, zählen Nahrung, Flüssigkeit, Unterkunft, Sexualität, Schlaf und Sauerstoff. Die Sicherheitsbedürfnisse verkörpern das Verlangen nach Schutz, Stabilität, Struktur sowie Geborgenheit. Nach Befriedigung dieser Bedürfnisse werden die sozialen Bedürfnisse wie Kontakt, Liebe, Zuneigung oder Zugehörigkeit angestrebt. Liebe bedeutet in diesem Sinne „tief verstanden und akzeptiert zu werden". Sobald die sozialen Bedürfnisse befriedigt sind, treten die Wertschätzungsbedürfnisse[lxviii] auf, diese werden in zwei Kategorien unterteilt: in Achtung durch andere Menschen und Selbstachtung. Zur Selbstachtung zählt das Selbstvertrauen, die Kompetenz, Zulänglichkeit oder auch Freiheit. Achtung durch andere Menschen umfasst Anerkennung, Wertschätzung, Status, Ruf oder Prestige. Die bisherigen Bedürfnisse zählen zu den Grundbedürfnissen bzw. zu den Defizitmotiven, da diese bei Nichtbefriedigung ungünstige Folgen wie Krankheit auslösen können.

Das hierarchisch höchste Bedürfnis ist die Selbstverwirklichung, dieses Bedürfnis verkörpert das Streben nach der Entwicklung der eigenen Persönlichkeit und definiert u. a. auch den Selbstwert.

7.7.2 Empowerment

Mit Empowerment[lxix] bezeichnen wir Strategien und Maßnahmen, die geeignet sind, den Grad an Autonomie und Selbstbestimmung im Leben von Menschen oder Gemeinschaften zu erhöhen. Diese zusätzliche Motivation ermöglicht vor allem im unternehmerischen Kontext eine erhöhte Leistungsbereitschaft und gestärkten Teamzusammenhalt. Interessant ist, dass Empowerment gemäß dem sozial-strukturellen Ansatz[lxx] für Machtteilung steht. Denn diese verspricht, beispielsweise in Unternehmen, eine Entlastung des oberen Managements, da Entscheidungen, die das operative Geschäft betreffen, durchaus von Mitarbeitern „vor Ort" getroffen werden können. Dazu ist wiederum unumgänglich, dass alle Angestellten Zugang zu Information, Möglichkeiten, Unterstützung und Ressourcen haben. Sie können das Empowerment von Untergebenen verstärken, indem Sie ihnen diese vier Komponenten zur Verfügung stellen. Der emotionale Aspekt im psychologischen Ansatz von Empowerment wird auf diese vier Dimensionen, die die Einstellung des Menschen zu seiner Arbeit betreffen, heruntergebrochen:

- Bedeutung
Übereinstimmung der Aufgaben mit den Werten des Angestellten
- Kompetenz
- Selbstbestimmung
- Wirkung
Einfluss auf den Entscheidungsprozess

Studien[lxxi] zeigen, dass alle beteiligten Akteure von Empowerment profitieren können. „Empowerte" Angestellte sind zufriedener mit ihrem Job, sind eher bereit, mehr für ihre Arbeit zu leisten, und fühlen sich weniger einer Arbeitsbelastung ausgesetzt. Jedoch profitieren nicht nur Angestellte vom Empowerment, sondern es können auch positive Effekte des Empowerments bei der Leistungserbringung gemessen werden. So lautet die Kernaussage bei vielen Untersuchungen zu diesem Thema, dass „empowerte" Manager und Angestellte effektiver und produktiver arbeiten.

7.7.3 Die neurologischen Ebenen

Gregory Bateson hat darauf hingewiesen, dass es bei den Prozessen des Lernens, der Veränderung und der Kommunikation natürliche Hierarchien der Klassifikation gebe. Die Funktion jeder Ebene sei es, die Information auf der darunter liegenden Ebene zu organisieren, und die Regeln, nach denen etwas auf einer bestimmten Ebene geändert werde, würden sich von jenen unterscheiden, nach denen auf einer darunter liegenden Ebene etwas geändert würde. Eine Änderung auf einer der unteren Ebenen könne, müsse aber nicht unbedingt die darüber liegenden Ebenen beeinflussen; doch etwas auf den oberen Ebenen zu verändern, verändere notwendigerweise Dinge auf den darunter liegenden Ebenen, um die Veränderung auf den höheren Ebenen zu unterstützen.

Die neurologischen Ebenen nach R. Dilts[47]

---

[47] Quelle: eigene Grafik

Dilts beschreibt die neurologischen Ebenen wie folgt[lxxii]: „Ich verändere meine Umgebung oder wirke auf sie ein mit Hilfe meines Verhaltens. Um mein Verhalten zu verändern, muss ich auf der Ebene darüber sein: der der Fähigkeiten. Ich kann mein Verhalten nicht wirklich verstehen oder es verändern, ehe ich nicht über ihm bin. Die Ebene der Fähigkeiten könnte man mit dem Puppenspieler vergleichen, der eine Marionette führt. Um eine Fähigkeit zu verändern, muss ich auf der nächst höheren Ebene sein: auf der Ebene der Glaubenssätze. Und um einen Glaubenssatz zu verändern, um aus dem Einflussbereich meiner Glaubenssätze herauszukommen, so dass ich sie mir wirklich anschauen und sie verändern kann, muss ich anfangen, aus meiner reinen Identität heraus zu operieren." Und die Identität wiederum wird bestimmt von der Vision, die wir von uns selbst haben beziehungsweise der Zugehörigkeit, der wir uns zurechnen (beispielsweise einer Religion, politischen Ausrichtung oder Ähnlichem).

Mit unserem Verhalten wirken wir auf die Umwelt ein und die Umwelt beeinflusst wiederum unser Verhalten. Eine typische Feedback-Schleife also, wie sie bereits weiter oben beschrieben wurde und vor allem später im Kapitel zur Bestimmung des Selbstwertes wichtig wird. Auch wenn das Modell von Dilts seine Schwächen[lxxiii] hat, weil beispielsweise eine Hierarchie eingeführt wird, wo ein zirkuläres System besteht, so ist es doch auf Grund seiner Übersichtlichkeit gut im Coaching-Alltag einsetzbar. Behalten Sie dennoch im Kopf, dass sich hier jede Ebene gegenseitig beeinflussen kann, weshalb die grafische Darstellung mehr Vorzeigecharakter als tatsächlichen Verwendungswert für therapeutische Interventionen hat.

Bei der Beeinflussung arbeiten wir vor allem mit der Ebene der Glaubenssätze. Dennoch ist es wichtig, in einem ausführlichen Gespräch zu klären, wie diese Ebene die anderen, insbesondere Identität (Selbstbild) und Fähigkeiten, beeinflusst und vice versa. Indem wir die Glaubenssätze des Gesprächspartners durch gezielte Suggestionen verändern, beziehungsweise stärkere als Überlagerung der alten einsetzen, werden neue Möglichkeiten (Fähigkeiten und damit auch Verhaltensweisen) eröffnet.

Beispiel: In einem Coaching spricht ein Klient im inneren Dialog häufig negativ zu sich selbst: *„Mir fehlt das Gespür dafür, ich bin einfach nicht gut genug."* Hier besteht eine Mischung aus Fähigkeiten (Können) und Identitätsebene (Sein). Dies mündet im Glaubenssatz *„Ich kann das nicht."* Indem nun dieser Glaubenssatz verändert wird, beispielsweise mit der Suggestion *„Alles, was du dir vornimmst und was gut für dich ist, erreichst du auch"*, verändert dies vorerst die Fähigkeitsebene: es besteht nun die Möglichkeit, dass eine Aufgabe lösbar ist. Aufgrund dieser Lösbarkeit (ein neuer Glaubenssatz) werden die (von Anfang an!) vorhandenen Ressourcen aber erst erkannt. Diese Fähigkeiten werden nun in einem neuen Verhalten (einer Alternativstrategie) manifestiert und dadurch die Umwelt des Klienten auf andere Weise als bisher beeinflusst. Gehen wir davon aus, dass dies ein zielführendes Verhalten ist. Das Feedback der Umwelt ist also positiv und der Hypnotisand wird in seinem neuen Verhaltensmuster bestärkt. Es ist wichtig zu erwähnen, dass ein Klient zur vollen Integration eines neuen Verhaltensmusters noch einen zusätzlichen „convincer" (positives Feedback) benötigt, um die Konditionierung dauerhaft zu programmieren. Dies wäre in diesem Fall die Reaktion der Umwelt, die dazu führt, dass das neue, zielführendere Verhalten ab jetzt angewendet wird anstelle des alten, nicht zielführenden. Durch die Feedbackschleife wird nun auch der neue Glaubenssatz, dessen keimender Same ja die Suggestion war, verstärkt. Dies beeinflusst wiederum die Identitätsebene, aus dem Glaubenssatz *„Ich kann meine Ziele erreichen"* wird *„Ich bin erfolgreich."* Eine mächtige Transformation mit großer Wirkung!

7.7.4 Definition des Selbstwertes

Besonders wenn wir unseren eigenen Wert definieren, also den Selbstwert, ist sehr schön zu beobachten, wie wir auf den kontinuierlichen Abgleich zwischen inneren Erwartungen (Glaubenssätzen) und dem Feedback der Umwelt (Feedback) angewiesen sind. Ohne Feedback gäbe es keinen Vergleich und ohne Vergleich keine Möglichkeit zu bestimmen, was gut und schlecht für die Entwicklung ist. Wie definiere ich nun also meinen Wert? Wir befinden uns normalerweise innerhalb einer so genannten Gewohnheitszone, also einer Umwelt, an die wir gewöhnt sind und in der wir uns sicher, quasi „zu Hause", fühlen. Wollen wir etwas uns Unbekanntes tun, erscheint es anfänglich oft schwer oder gar nicht machbar. Sobald wir uns jedoch überwinden und den ersten Schritt hinaus aus unserer Komfortzone hin zu unserem Ziel machen, bemerken wir, dass mit jedem Schritt der Weg selbst leichter wird. Und am Ziel angekommen, blicken wir zurück und wundern uns, wieso wir uns am Anfang überhaupt den Kopf darüber zerbrochen haben. Dies ist ein völlig normaler Prozess, durch den alle Menschen gehen. Erfolgreiche Manager nutzen dieses Wissen, indem sie ständig ihre persönliche Komfortzone ausweiten, denn sie wissen: Je größer ihr Wohlfühlbereich ist, desto besser sind sie auf neue Situationen vorbereitet und werden diese mit höherer Wahrscheinlichkeit erfolgreich meistern. Aber selbst die Komfortzone wird durch Feedback der Umwelt, genauer gesagt durch relationales Vergleichen, bestimmt. Es findet ein ständiger Abgleich statt und jede Information, die bestätigend oder hemmend auf ein Verhalten gegeben wird, wird im Unterbewusstsein gespeichert und bewertet. Aus dieser Informationsdatenbank wird ein komplexes Geflecht an kombinierten Datensätzen gebildet, die schließlich in einem Verhaltensmuster verfestigt werden (es findet quasi eine Selbst-Konditionierung statt, das heißt unser Unterbewusstsein programmiert sich selbst, basierend auf den zuvor gemachten Erfahrungen und den Informationen, die durch die Wahrnehmungsfilter selektiert werden). Dies ist mitunter der Grund, warum aus einer anfänglich nur leichten Wahrnehmungsverschiebung (vgl. das kontinuierliche Beschäftigen mit Verschwörungstheorien) schnell eine verfestige Wahrnehmungsstörung werden kann. Durch die vorbewussten Filter wird nur jene Information durchgelassen, die das aktuelle Glaubenssystem bestätigt (auch bekannt unter dem Begriff der „self fulfilling prophecy", also einer sich selbst erfüllenden Prophezeiung).

Dieses Phänomen ist auch in vielen Organisationen anzutreffen und wird hier als „Group-Think" bezeichnet, ist jedoch auch auf den individuellen

Kontext übertragbar. Es steht für die durch Gruppendruck ausgelöste Beeinträchtigung von mentaler Effizienz, Realitätsbewertung und moralischen Beurteilungen.

Illusion der Unverwundbarkeit, übertriebener Optimismus und Risikoneigung. Rationalisierung schlechter, unerwünschter Nachrichten. Glaube an moralische Integrität der Gruppe. Stereotype Qualifizierung der Kritiker als schwach, bösartig und dumm. Konformitätsdruck gegenüber potentiellen Abweichlern. Selbstkontrolle jeglicher Abweichungen vom Gruppenkonsens. Illusion der Einstimmigkeit; Schweigen bedeutet Zustimmung. Selbsternannte „Mindguards" schützen die Gruppe vor dissonanten Informationen.

Es kann mithilfe der Janis-Regeln weitestgehend vermieden werden:

Der Leiter sollte ausdrücklich zur Kritik auffordern. Der Leiter und andere wichtige Mitglieder sollten ihre Meinung nicht zu früh nennen, sondern zunächst andere sprechen lassen. Bei wichtigen Entscheidungen sollten zwei Gruppen unabhängig voneinander einen Entscheidungsvorschlag ausarbeiten; beide Vorschläge sollten dann in die Gesamtgruppe eingebracht werden. Alle Gruppenmitglieder sollten dazu aufgefordert werden, das Entscheidungsproblem in ihren Abteilungen mit solchen Personen zu diskutieren, die nicht zur Entscheidungsgruppe gehören. Externe Mitglieder sollten dazu aufgefordert werden, ihre Auffassung unabhängig von der Gruppe zu entwickeln und darzulegen. Es sollte routinemäßig ein „advocatus diaboli" bestimmt werden, der bewusst und kompromisslos die Gegenposition zur Gruppenmehrheitsmeinung vertritt, sobald sich Einigkeit in der Gruppe anzudeuten scheint. Die Entscheidungsgruppe sollte nicht beständig zusammenarbeiten, sondern zeitweilig in Untergruppen aufgespalten werden. Hat sich die Gruppe geeinigt, so sollte das Ergebnis noch einmal bewusst gänzlich in Frage gestellt werden.

Fehlt jedoch das Negativfeedback durch die Umwelt, ist es schnell möglich, dass dieses nicht der Realität entsprechende Glaubenssystem überhand nimmt und die Gedanken und Handlungen der Person bestimmt. Nun muss unterschieden werden zwischen Glaubenssystemen und Verhaltensmustern, die unser Leben positiv oder negativ beeinflussen oder neutral sind. Beeinflussen sie unseren Lebensalltag gar nicht oder nicht nachteilig, so können selbst an sich als „negativ" bewertete Glaubenssysteme oder Verhaltensmuster bestehen bleiben.

Beispiel: Ein Mann denkt, er würde im Auftrag des Teufels handeln. Da er jedoch mit niemandem darüber spricht und nichts anderes tut oder plant als KFZ-Versicherungen zu verkaufen, schadet er weder sich selbst noch anderen.

Zielführende Verhaltensmuster sollten auf jeden Fall beibehalten werden und erst dann ersetzt werden, wenn eine noch bessere Lösungsmöglichkeit gefunden wurde. Dies geschieht jedoch meist automatisch durch unser Unterbewusstsein. Erst bei negativen Konsequenzen unserer Verhaltensmuster sollten wir eine Änderung in Betracht ziehen und dies immer nur unter Berücksichtigung des Sekundärgewinns.

7.7.5 Sekundärgewinn

Weshalb hat sich das Verhalten eines Menschen bisher nicht von selbst geändert, selbst wenn er versucht hat, es zu verändern (beispielsweise weniger Süßigkeiten zu essen oder mit dem Rauchen aufzuhören)? Hier kommt der Sekundärgewinn ins Spiel, der Haupteinflussfaktor, weshalb sich Menschen, obwohl sie es gerne möchten, selbst davon abhalten, ihre Ziele zu erreichen. Jede nötige Ressource für Veränderung und Zielerreichung ist bereits in Ihnen. Einzig und allein der Zugang dazu könnte aus diversen Gründen versperrt oder noch verborgen sein. Negative Erfahrungen aus der Kindheit, nicht zielführende Strategien, die unbewusst von Menschen aus ihrem Umfeld übernommen wurden oder schlicht und ergreifend eben der angesprochene Sekundärgewinn: der positive Nutzen einer an sich negativen Handlung.

Beispiel: Eine Frau empfindet in letzter Zeit immer häufiger Schmerzen in ihrem rechten Fuß. Dieser Schmerz ist mittlerweile so stark, dass sie nur noch selten zur Arbeit gehen kann. Weil jedoch kein medizinisches Problem feststellbar ist, droht die Arbeitslosigkeit. In einem Vorgespräch mit einem Hypnotherapeuten wird jedoch schnell klar, weshalb die Frau diese Schmerzen empfindet. Ihr ist zwar nicht bewusst, warum sie diese hat, doch indem der Prozess, wann und wobei diese entstehen, durchleuchtet wird, ist schnell geklärt, wo die Wurzel des Problems liegt. Jeden Morgen, wenn ihr Fuß schmerzt, macht ihr Mann ihr Frühstück und bringt es besonders liebevoll ans Bett. Dies tut er jedoch nicht, wenn sie keine Fußschmerzen hat, dann muss sie sich ihr Frühstück selbst zubereiten. Der Mann tut dies nicht absichtlich oder aus Böswilligkeit, die Frau wünscht sich auch keine Schmerzen. Doch ihr ist es persönlich wichtiger, von ihrem Mann verwöhnt zu werden, als in die Arbeit zu müssen. Ihr Unterbewusstsein löst deshalb Schmerzen (ihr Verhalten, der Reiz) aus, um einen triftigen Grund dafür zu bieten, von ihrem Mann verwöhnt (Feedback der Umwelt, die Reaktion) zu werden.

Im Gespräch ist es nun essentiell, dass dieser Sekundärgewinn einerseits gefunden und andererseits durch eine Alternativstrategie ebenfalls erreicht wird. Ansonsten könnte es passieren, dass sich das Unterbewusstsein ein anderes Verhalten als das von Ihnen suggerierte sucht, um den Sekundärgewinn zu erreichen. Dieses Verhalten könnte jedoch wieder unerwünschte Auswirkungen nach sich ziehen. Eine mögliche Frage wäre beispielsweise:

> *„Gibt es eine andere Möglichkeit (Alternativstrategie ohne negative Konsequenzen), um zu erreichen, von Ihrem Mann verwöhnt zu werden (den Gewinn zu erhalten)?"*

Die Frau könnte einfach mit ihm darüber sprechen, oder sie schließen ein Abkommen: An geraden Tagen macht er das Frühstück, an ungeraden sie. Und tatsächlich, seitdem dieses Abkommen versprochen und auch eingehalten wird (der „convincer"), sind die Schmerzen wie durch Magie verschwunden. Nur, dass Zauberei nichts damit zu tun hatte.

Bevor ein Verhalten verändert wird, ist es unbedingt notwendig, den Sekundärgewinn (falls vorhanden) **zu bestimmen.**

Mit dieser Methode können Sie besonders effektive Verhaltens- und Glaubensmuster installieren. Sie analysieren die Glaubenssätze und wichtigsten Werte Ihres Gegenübers und hinterfragen den Sekundärgewinn der aktuellen Verhaltensweisen. Nun ankern Sie den positiven Nutzen des Sekundärgewinns auf einen neuen Glaubenssatz oder ein neues Verhalten, das Ihren Interessen entspricht.

7.8 Zusammenfassung

Nun kennen Sie die mächtigsten Methoden der subbewussten Beeinflussung. Es handelt sich um die gezielte Lenkung von Informationen und das Erzeugen einer Informationsasymmetrie, was zu einem Machtgefälle führt. Zudem können Sie nun Wortmanipulationen erkennen und gekonnt den Inhalt mit der Technik des Reframing neu deuten. Sie arbeiten auch auf unterbewusster Ebene mittels analogen Markierungen und können sowohl Informationen herausfiltern als auch verschleiern, indem Sie das Meta- und Milton-Modell anwenden. Mittels psychologischer Phänomene verstärken Sie Ihre Außenwirkung und können Menschen besser lesen. Die 10 Strategien von Timsit lassen sich auch auf den heutigen Alltag anwenden – haben Sie die erschreckende Aktualität erkannt? Abschließend haben Sie gelernt, mit Werten und Glaubenssätzen zu arbeiten und diese unter anderem für die Beeinflussung des Selbstwertes selbst zu nutzen. Zudem denken Sie stets daran, den Sekundärgewinn zu hinterfragen, wenn Sie ein neues Verhalten oder neue Glaubenssätze programmieren.

KAPITEL 8: META-PROGRAMM-PROFIL

Das Meta-Programm-Profil (oder kurz MPP) ist ein von mir entwickeltes, effektives Werkzeug der Charakteranalyse. Es basiert größtenteils auf den Meta-Programmen, die im NLP die Funktion der Einschätzung von Glaubenssätzen und Verhaltensmustern ermöglichen. Es ist ein sehr kompaktes Modell, das Ihnen einen ersten Überblick über Ihr Gegenüber verschaffen wird. Sie können es etwa bei der Bewerbung von neuen Mitarbeitern zu Rate ziehen oder um Ihre eigenen Stärken festzulegen.

Der Ziel des MPP ist dabei vor allem darauf ausgerichtet, dass Sie mit etwas Übung die Charakteranalyse komplett ohne schriftliche Unterlagen durchführen können, allein auf Grund Ihrer Erfahrung und der Analyse des Verhaltens und der Gespräche mit Ihrem Gegenüber. Somit fehlt es dem Modell zwar an psychologischer und vor allem wissenschaftlicher Tiefe, dieses Manko macht es jedoch durch die sehr einfache und praxisnahe Anwendungsmöglichkeit wieder wett. Bevor Sie den Fragebogen im Internet herunterladen und ausfüllen, interessiert es Sie bestimmt zu erfahren, auf welchen Prinzipien es basiert. Deshalb habe ich die wichtigsten Meta Programme im nächsten Subkapitel speziell hervorgehoben.

8.1 Meta-Programme

Im NLP sind Meta-Programme der Schlüssel für die Analyse der Informationsverarbeitung von Menschen. Sie zeigen im Grunde, wie Sie Ihre inneren Repräsentationen bilden und wie diese das Verhalten steuern. Der Fragebogen liefert Ihnen nach einer kurzen Auswertung eine übersichtliche Verteilung dieser Meta-Programme und ist damit vor allem für die praktische Anwendung und die Analyse von Einzelpersonen gedacht.

Die im Meta-Programm-Profil abgefragten Meta-Programme sind:

- Aktivität
- Aufmerksamkeit
- Ausrichtung
- Chunkgröße
- Drama-Dreieck Position
- Entscheidungsfindung
- Jobfilter
- Lernstil
- Motivation
- Orientierung
- Referenz
- Repräsentationssystem
- Stress-Reaktionen
- Vergleich
- Zeiterleben
- Zeitorientierung

8.2 Meta Reflektion

Eine weitere Eigenschaft Ihres Gegenübers, die von besonderer Bedeutung für die Empfänglichkeit von externen Beeinflussungen ist, nenne ich die „**Meta-Reflektion**". Damit beschreibe ich die Fähigkeit eines Menschen, sich der unterschiedlichen Ebenen einer Kommunikation bewusst zu sein, *während* sie passiert (und nicht erst nach späterer Analyse, bspw. durch Video-Feedback).

Ich unterteile diese Fähigkeit der Meta-Reflektion in drei Stufen:

1. Unbewusst
2. Teilbewusst
3. Vollbewusst

Dabei steht die erste Stufe für ein geringes bis gar kein bewusstes Erleben des Prozesses. Teilbewusst ist der Mensch, wenn ihm auffällt, dass etwas mit ihm geschieht bzw. gemacht wird, er aber nicht genau weiß, was oder wie. Vollbewusst sind nur sehr wenige Menschen und auch diese nicht in jeder Situation. Es beschreibt die Fähigkeit, aktiv zu beobachten, was geschieht während es geschieht und damit auch direkt Einfluss auf den Prozess nehmen zu können. Es ist letztendlich die einzige Möglichkeit einer echten Selbst-Bestimmung, weil wir unser Leben immer nur im Moment bewusst gestalten können.

Da sich dies jedoch nicht schriftlich überprüfen lässt – die Wahrscheinlichkeit des Selbstbetrugs ist in diesem Fall zu groß – liegt es an einem externen Beobachter, dies zu beurteilen. Dieser sollte selbstverständlich in seiner Wahrnehmung genauestens geschult und sich der Meta-Programme und der Wirkung der nonverbalen Kommunikation und des Status-Gesetzes völlig im Klaren sein.

8.3 Fragebogen

Sie finden den Fragebogen, mit dem Sie das MPP erheben können, online zum Download auf:

www.ManipulationsMethoden.com/meta-programm-profil

Füllen Sie diesen gewissenhaft aus und vergleichen Sie die Antworten erst nach völliger Erledigung. Wenn Sie den Fragebogen in einem Personalgespräch, etwa zur Selektion geeigneter Kooperationspartner, verwenden möchten, so können Sie auch einen gewissen Zeitdruck erzeugen und den Bewerber dabei aus der Meta-Ebene beobachten, um seine Meta-Reflektion zu überprüfen. Dieses Szenario können Sie ausbauen, indem Sie ein offenes Gespräch führen oder Sie ihn während des Interviews oder der Beantwortung des Fragebogens unterbrechen.

8.4 Zusammenfassung

In diesem Kapitel haben Sie die Grundlagen der Meta-Programme erlernt und erfahren, wie wichtig die Fähigkeit der Meta-Reflektion für eine effektive und vor allem nachhaltige Beeinflussung ist. Mit dem Fragebogen ist es Ihnen möglich, Ihren eigenen Standort festzulegen und eine gesteigerte Wahrnehmung für die Meta-Prorgramme im direken Gespräch zu entwickeln. Im Idealfall benötigen Sie in naher Zukunft keine Literatur oder den Fragebogen, um auch im Prozess die Meta-Programme zu erkennen und basierend darauf eine Charakteranalyse zu treffen.

NACHWORT

Mit der vorliegenden Publikation war ich bemüht, verschiedenste Einflüsse der Manipulations-Methoden und rhetorischer Mittel zu vereinen und einen praktischen Ansatz zur Anwendung im Berufsleben wie auch im Alltag von Privatpersonen zu bieten. Ich hoffe, Sie haben damit neue Möglichkeiten kennen gelernt, um Ihre eigenen Emotionen, Ihr Verhalten und die Botschaften, die Sie senden und empfangen, besser zu deuten, besser zu verstehen und einfach besser zu kommunizieren. Ebenso hoffe ich, dass die vielen Beispiele aus der Praxis und die Aufgaben dazu beitragen, Ihr Interesse an der Anwendung rhetorischer Techniken zu wecken oder es weiter zu steigern.

Besonders freuen würde ich mich, Sie persönlich in einer meiner Ausbildungen kennen zu lernen. Sie haben auch die Möglichkeit, unserer Facebook Gruppe beizutreten und auf unserem YouTube Channel vorbeizuschauen. Wir stellen laufend und kostenlos spannende Informationen und Videos rund um die Themen Manipulation und Kommunikation online. Alle Infos dazu finden sie im Anhang. Gerne bin ich für Fragen, Feedback und Anregungen offen. Sie erreichen mich jederzeit über das Kontaktformular meiner Website auf **www.ManipulationsMethoden.com**

Zum Abschluss wünsche ich Ihnen nochmals viel Freude mit diesem Buch, das Ihnen hoffentlich auch in Zukunft als Nachschlagewerk dienen darf.

Alles Liebe,
Ihr Benedikt Ahlfeld

ANHANG

X.I Manipulations-Beispiele

Im Zuge der Bewerbung dieses Buches habe ich einige aktuelle Beispiele aus der Werbung und den Medien auf Facebook online gestellt. Sie finden diese und mehr Grafiken nach wie vor auf **www.Facebook.com/ManipulationsMethoden**

Es ist unsere Wahrnehmung, die die uns oftmals überrascht. Doch wenn Sie bemerken, dass die die Dinge, welche Ihnen früher nicht aufgefallen sind, jene sind, die die Sie beeinflussen, was dann?

Benedikt Ahlfeld
www.ManipulationsMethoden.com

Im obigen Bild befindet sich ein typisches Beispiel unserer selektiven Wahrnehmung: vielen Menschen fällt auch nach mehrmaligem Durchlesen noch immer nicht auf, was hier falsch ist. Ist Ihre Wahrnehmung bereits geschärft genug, um den Fehler zu finden?

Das untere Bild stammt übrigens aus dem Disney Film „Der König der Löwen". Wenn Sie im Web recherchieren, werden Sie unzählige weitere Spekulationen rund um die Einbettung subbewusster Botschaften (meist sexueller Natur) in Disney Produktionen entdecken. Die hier präsentierten Beispielfotos sind oftmals sehr offensichtlich und im Falle von Marlboro und den Club 18-30 Werbungen auch absichtlich von der Werbeagentur so gestaltet. Doch exakt dieselbe Technik des assoziativen Denkens wird auch bei versteckten Manipulationen eingesetzt. Weitere Beispiele, auch teils sehr fragwürdige, finden Sie wie oben beschrieben auf **www.Facebook.com/ManipulationsMethoden**

X.II Rhetorik Ausbildungen

Möchten Sie Hypnose und NLP praktisch anwenden und sich privat wie beruflich weiterentwickeln? Dann informieren Sie sich gleich jetzt über den Besuch unserer **Ausbildungen** auf **www.ZHIconsulting.de**

- **Rhetorik und NLP Ausbildungen**

- **Hypnose Ausbildungen**

- **Business Trainings**

Völlig **kostenloses Material** erhalten Sie zusätzlich, indem Sie sich in unseren **Coaching Brief** eintragen auf **www.CoachingBrief.net**

Ebenfalls finden Sie über diese **Facebook-Fanseite** viele spannende Informationen zum Thema Manipulation und Kommunikation: **www.Facebook.com/ManipulationsMethoden**

X.III Über den Autor

 **Benedikt Ahlfeld** unterstützt Menschen bei der Entdeckung und Umsetzung ihrer ganz persönlichen Lebenswünsche. Mit seiner ansteckenden Energie begleitet er auf dem Weg zur Selbstbestimmung. So hat er in den letzten Jahren bei vielen Menschen direkt dazu beigetragen, Veränderungen als Chance wahrzunehmen und ihr Leben nach den eigenen Visionen zu gestalten. Benedikt schafft dabei mit seiner außergewöhnlichen Denkweise ganz neue Ressourcen und Möglichkeiten, die die Grenzen des eigenen Verstandes erweitern und den Leitsatz „Souverän denken. Frei leben." neu definieren.

So eigen wie die Definition der persönlichen Wünsche, so unterschiedlich sind auch die Tools für anhaltende, positive Veränderung. Benedikt unterstützt als Trainer im Business und Privatleben bei kleinen und großen Fragen und gestaltet das richtige Umfeld für wert-volle Entwicklung. Damit setzen Sie Ihre Ressourcen konsequent ein und entfalten Ihr Potential nachhaltig.

Entdecken Sie die emotionalen Auslöser, die Sie dabei unterstützen, sich selbst und andere zu beeinflussen oder sich vor Manipulation zu schützen und erfahren Sie aus erster Hand, welche Möglichkeiten Ihnen offen stehen, um ein Leben nach eigenem Standard zu verwirklichen.

X.IV Buchempfehlung: Körpersprache & NLP

Erfolgreich nonverbal kommunizieren

Die Art, wie Sie denken, beeinflusst Ihren Körper. Wie Sie Ihren Körper nutzen, beeinflusst Ihre Art zu denken. Sind Sie bereit, die bestmögliche Wirkung auf Ihr Gegenüber und auch für sich selbst zu erzielen? Verbale Kommunikation beschäftigt sich mit dem Ausdruck unserer Gedanken, nonverbale Kommunikation behandelt den Eindruck, den wir hinterlassen, - das, was wirklich bei Ihrem Gegenüber
ankommt. Dieses Buch wurde für Sie geschrieben, wenn Sie in einem Ihrer Lebensbereiche mit Kommunikation zu tun haben. Natürlich wird Ihnen schnell auffallen: Leben ist Kommunikation. Das ist auch logisch, denn Sie können nicht nicht kommunizieren.

Die Frage ist vielmehr: Was wollen Sie kommunizieren? Um sicherzustellen, dass Ihre Botschaft ankommt, sollte das Hauptaugenmerk auf dem nonverbalen Eindruck liegen – immerhin macht dieser 95% der Kommunikation aus! NLP & Körpersprache deckt inhaltlich eine Einführung in einen NLP-Practitioner ab und bietet mehr als zwanzig Übungen, die Sie sofort durchführen können. Lernen Sie die praktische Anwendung im Beruf, dem privaten Alltag und beim Flirten von:

- Rapport und ankern
- Repräsentationssysteme und Submodalitäten
- Meta- und Milton-Modell
- Reframing und Verhaltensstrategien
- Werte und Glaubenssätze
- Trance und Gesprächshypnose

Wenn Sie selbst bestimmen möchten, wie Sie auf andere wirken und auch in bester Erinnerung bleiben, ist dieses Buch genau das Richtige für Sie.

Jetzt bestellen auf www.KoerperSprache-NLP.com

X.V Auflösung Klappentext

Auf der Rückseite dieses Buches finden Sie einen Klappentext, der von der normalen Beschreibung der Buchkataloge und Händler abweicht. Grund ist die korrekte Druckform, die in einem dynamischen Fließtext, typisch für Online-Medien, nicht möglich ist. Diese Form der Beeinflussung ist zwar mit einem größeren Aufwand verbunden, aber durchaus nicht unüblich und findet sich immer wieder einmal auch in Print-Werbungen größerer Konzerne. Ist Ihnen die Manipulation bisher schon aufgefallen?

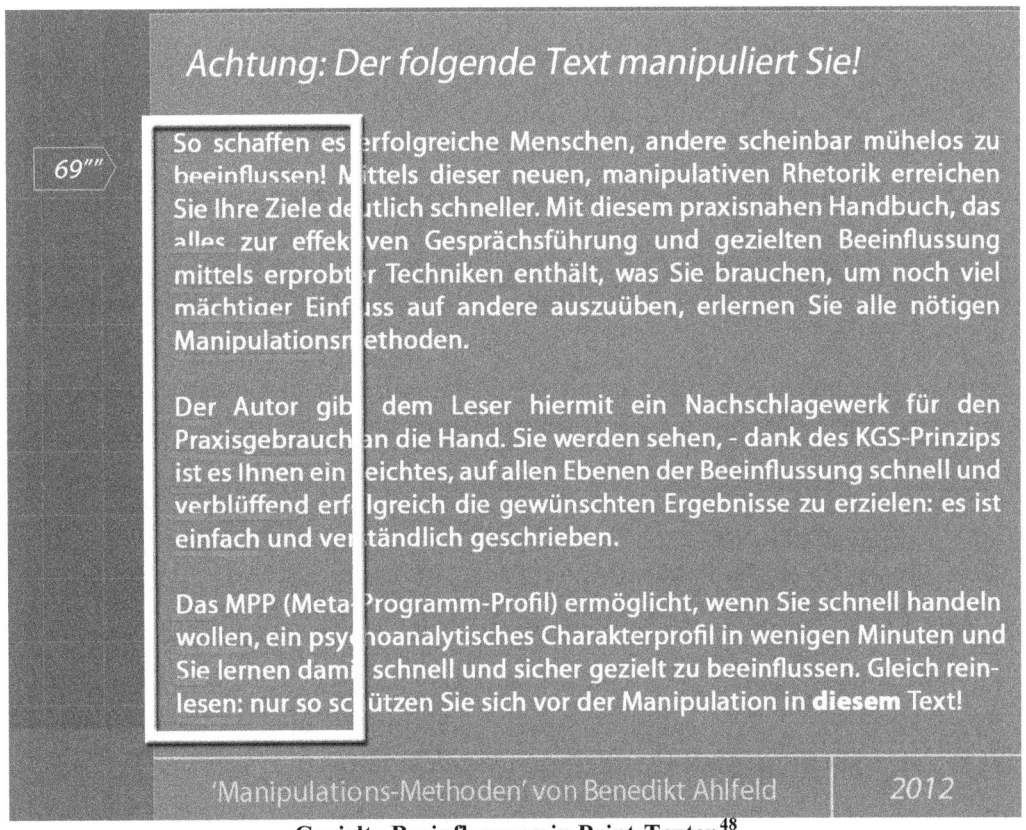

Gezielte Beeinflussung in Print-Texten[48]

---

[48] Quelle: eigene Grafik

X.VI LITERATUR- UND QUELLENVERZEICHNIS

[i] Eldon, Taylor: Mind-Programming. 2009. New York: Hay House.

[ii] Overbye, D. Free Will: Now You Have It, Now You Don't. 2. Jänner 2007 in: New York Times.

[iii] Kommunikation und Seminar, Junfermann, Paderborn, Heft Juni 2007, S. 55

[iv] http://de.wikipedia.org/wiki/Manipulation, Zugriff am 2012-07-20

[v] Knill, M. Beeinflussung-Manipulation-Propaganda

[vi] Lubow und Gewirtz (1995). Latent inhibition in humans: data, theory, and implications for schizophrenia. Psychological Bulletin, S. 87-103

[vii] s. dazu die Endnote v

[viii] Ahlfeld B. und Stefan S., Macht der Hypnose, 2. Auflage 2012. Wien: ZHI CONsulting.

[ix] Ekman, P. *Gefühle lesen*. 2. Auflage 2010. Heidelberg: Spektrum Akademischer Verlag.

[x] TU Freiburg, Zugriff am 2012-02-18: http://www.mathe.tu-freiberg.de/~hebisch/cafe/mce/unendltreppe.html

[xi] http://www.thesneeze.com/mt-archives/000273.php

[xii] Werbepsychologie, Zugriff am 2012-07-20: http://de.wikipedia.org/wiki/Werbepsychologie#Techniken_der_Werbung

[xiii] Bunkley, N. (March 3, 2008), "Joseph Juran, 103, Pioneer in Quality Control, Dies", New York Times

[xiv] Assoziation & Psychologie, Zugriff am 2012-07-20: http://de.wikipedia.org/wiki/Assoziation_%28Psychologie%29

[xv] Angelehnt an den Fachartikel von Samy Molcho, in: Der Web-Standard, derstandard.at/1328507800307/Jeder-Blick-ein-Treffer-Im-Land-des-Hechelns

[xvi] *Handwörterbuch der Transaktionsanalyse. Sämtliche Begriffe der TA praxisnah erklärt.* von Leonhard Schlegel; 2. Auflage 2002; Seite 44f.

[xvii] Das Drama Dreieck, Zugriff am 2012-07-20: http://www.persoenlichkeits-blog.de/article/109/drama-dreieck-welche-rolle-spielen-sie-in-konflikten

[xviii] Situational Leadership Theory, Paul Hersey und Ken Blanchard (1969, 1977, bzw. Blanchard 1985), Zugriff am 2012-07-20: http://www.ibim.de/management/3-4.htm

[xix] Die Situative Reifegrad-Theorie von Hershey und Blanchard, Zugriff am 2012-07-20: http://www.hrdt.de/coaching_leadership.html

[xx] Galbraith, J.R. (1998): Designing the networked organization, in: Mohrmann, S.A. / Galbraith, J.R. / Lawler, E.E., III. and Ass. (Hrsg.): Tomorrow's organization. Crafting winning capabilities in a dynamic world, San Francisco, S. 76-102.

[xxi] Sydow, J. (2006): Management von Netzwerkorganisationen, Wiesbaden.

[xxii] Williams, P. (2002): The competent boundary spanner, in: Public Administration, 80 (1), S. 103-124.

[xxiii] Wrobel, M. (2008): Das Konzept regionaler Cluster: zwischen Schein und Sein? - Eine kritische Analyse gängiger Annahmen der aktuellen Clusterdiskussion, in: Jahrbuch für Regionalwissenschaft 29: S. 85–103.

[xxiv] Borchardt, A. (2006): Koordinationsinstrumente in virtuellen Unternehmen, Wiesbaden.

[xxv] Ripperger, T. (1998): Ökonomik des Vertrauens: Analyse eines Organisationsprinzips, Tübingen.

[xxvi] Gehirn und Geist (Ausgabe 6/2003): www.fairness-stiftung.de/pdf/Manhart.pdf

[xxvii] Gouldner, A.W. (1959): Reciprocity and Autonomy in Functional Theory, New York, S. 241-270.

[xxviii] Knop, R. (2009): Erfolgsfaktoren strategischer Netzwerke kleiner und mittlerer Unternehmen, Wiesbaden.

[xxix] Ahlfeld, B. *Körpersprache und NLP*, 2010, Wien: ZHI CONsulting.

[xxx] s. dazu die Endnote xv

[xxxi] Giacomo Rizzolatti, Corrado Sinigaglia: *Empathie und Spiegelneurone: Die biologische Basis des Mitgefühls*. Frankfurt a.M.: Suhrkamp, 2008.

[xxxii] Mimik, Zugriff am 2012-07-20: http://de.wikipedia.org/wiki/Mimik

[xxxiii] s. dazu die Endnote ix

[xxxiv] Ingrid Amon, Die Persönlichkeit durch Klang, Volumen und Dynamik, Redline Verlag 2011

[xxxv] http://www.landsiedel-seminare.de/nlp/nlp-lexikon/nlp-lexikon-s.html#submodalitaeten

[xxxvi] Ärzte warnen vor Facebook-Depression, FOCUS Online, Zugriff am 2012-07-20:
http://www.focus.de/gesundheit/ratgeber/psychologie/news/soziale-netzwerke-aerzte-warnen-vor-facebook-depression_aid_614154.html

[xxxvii] Ahlfeld, B., Managementmechanismen von Kooperationen, Akademikerverlag, Wien, 2012

[xxxviii] Localised learning and industrial competitiveness, Maskell/Malmberg 1999: 167

[xxxix] Marcus Knill, Beeinflussung-Manipulation-Propaganda

[xl] NZZ vom 5. April 2000

[xli] Redden, J. P. (2008): Reducing Satiation: The Role of Categorization Level _ Journal of Consumer Research, 34 524-534

[xlii] Moreland, R. L. 8: Beach, S. R. (1992): Exposure effects in the classmom: The development of qffnity among students. Journal of Experimental Social Psychology, 28, 255-276

[xliii] Moreland, R. L. 8: Zajonc, R. B. (1982): Exposure effects in person perception: Familiarity, similarity, and attraction Journal of Experimental Social Psychology, 18, 395-415

[xliv] Die kritische Masse, Zugriff am 2012-07-20: http://de.wikipedia.org/wiki/Kritische_Masse_%28Spieltheorie%29

[xlv] TAZ.de am 14.07.2011, http://www.taz.de/!74462/

[xlvi] s. dazu die Endnote xxxix

[xlvii] s. dazu die Endnote xxxix

[xlviii] s. dazu die Endnote xxxix

[xlix] Dilts, R. Professionelles Coaching mit NLP. 2005. Paderborn: Junfermann.

[l] NLPedia, http://nlpportal.org/nlpedia/wiki/Analoges_Markieren

[li] Bandler, Richard / Grinder, John: *The Structure of Magic Vol. 1+2* Science and Behaviour Books, Palo Alto, 1975

[lii] s. dazu die Endnote li

[liii] Bandler, Richard und Grinder, John: Patterns of the Hypnotic Techniques of Milton H. Erickson, M.D. Part 1+2 Meta Publications Cupertino, California 1975

[liv] Grochowiak, K.: Das NLP - Practitioner Handbuch,

[lv] http://nlpportal.org/nlpedia/wiki/Miltonmodell

[lvi] Feustel, B. und Komarek, I. *Das NLP-Trainingsprogramm.* 2006. München: Südwest Verlag.

[lvii] Anderson, N. H. 8: Barrios, A. A. (1961): Primacy effects in personality impression formation. The Journal of Abnormal and Social Psychology, 63, 346-350.

[lviii] Baddeley, A. D. 8: Hitch, G. (1993): The recency effect: implicit learning with explicit retrieval? Memory 8: Cognition, 21, 146-155

[lix] Thorndike, E. L. (1920): A constant ermr on psychological rating. Journal of Applied Psychology, 4, 25-29.

[lx] Mayer, H. O. (2005): Einführung in die Wahmehmungs-, Lem- und Werbepsychologie (Kap. 5). München: Oldenbourg.

[lxi] Gilovich, T., Medvec, V. H. 8: Savitsky, K. (2000): The spotlight effect in social judgement: An egocentric bias in estimates ofthe salience of ones own actions and appearance. Journal of Personality and Social Psychology, 78 211-222.

[lxii] Ehrlinger, J., Johnson, K., Banner, M., Dimning, D. 8: Kruger, J. (2008): Why the unskilled are unaware: Further explorations of (absent) insight among the incompetent. Organizational Behavior and Human Decision Processes, 105, 98-121.

[lxiii] Sylvain Timsit, Découvrez l'Alchimiste en Vous, http://alchimie.over-blog.com/article-0-58212003.html

[lxiv] Dilts, R. *Die Veränderung von Glaubenssätzen*. 1990. Paderborn: Junfermann.

[lxv]Die Bedürfnispyramide nach Maslow, Zugriff am 2012-07-20: http://widawiki.wiso.uni-dortmund.de/index.php/Maslowsche_Bedürfnispyramide

[lxvi] http://arbeitsblaetter.stangl-taller.at/MOTIVATION/Beduerfnisse.shtml, Zugriff am: 26.12.2009

[lxvii] vgl. Homburg, Krohmer 2005, S.34

[lxviii] s. dazu die Endnote lxv

[lxix] Spreitzer, G. (2007). Taking Stock: A review of more than twenty years of research on empowerment at work. In C. Cooper, & J. Barling, The Handook of Organizational Behaviour. Sage Publications.

[lxx] Beißhammer, H / Gencel, D. / Ahlfeld, B. / Berchtold, M. (2010): Empowerment in Praktika, in: Kurs 3 Change Management und Management Development.

[lxxi] Mayrhofer, Wolfgang (2002): Motivation und Arbeitsverhalten In: Kasper Helmut; Mayrhofer Wolfgang (Hg.): Personalmanagement – Führung – Organisation (3., völlig neu bearbeitete Auflage). Wien: Linde Verlag, S. 255-288.

[lxxii] s. dazu die Endnote lxiv

[lxxiii] Grochowiak, K. Die Logischen Ebenen, 1998